KB157536

항공 승무원을 위한

항공서비스
일본어 회화

머 리 말

미래의 항공사 객실 승무원 또는 공항 지상직 직원을 꿈꾸는 여러분 안녕하세요.

본 교재는 예비 국내외 객실 승무원이나 공항에서 근무하는 예비 지상 직원을 위한 일본어 입문 학습서로서 현장에서 직접 사용하는 일본어 회화를 상황별 주제에 맞게 훈련하는 학습서입니다. 회화에 나오는 단어들과 문법을 익히고 연습문제를 풀어보며 응용할 수 있게 하였습니다.

본 교재에서는 공항 안내 방송이나 기내 방송을 읽어보고 연습하며 미리 익히도록 하였습니다. 취업 시 필요한 일본어 자격증 시험인 [일본어능력 시험 JLPT] N4급과 N5급의 문자·어휘편의 유형을 알아보고자 기출문제와 풀이를 넣어 구성하였습니다. 아울러 일본어 인터뷰 면접 시 필요한 간단한 질문들과 샘플 답안을 정리해두었습니다. 저자가 대학에서 다년간 일본어교육을 담당하며 습득한 경험을 체계적으로 엮어놓은 교재인 만큼 이 책을 통해 여러분의 꿈에 한 발짝 더 다가갈 수 있기를 진심으로 바랍니다.

마지막으로 이 교재가 출판되기까지 도움을 주신 한올출판사 관계자분들께 깊은 감사의 말씀을 드립니다.

저자 송민수

차　례

일본어의 문자와 발음
ひらがな・カタカナ

항공 승무원을 위한 **항공서비스 일본어 회화**

1과

일본어에는 3가지의 문자가 있다. 히라가나(平仮名), 가타카나(片仮名), 한자(漢字かんじ)이다. 가나와 한자를 섞어 문장을 만든다. 각각의 문자를 구체적으로 알아보면 다음과 같다.

1) 히라가나(ひらがな)

无ん	和わ	良ら	也や	末ま	波は	奈な	太た	左さ	加か	安あ
	爲ゐ	利り		美み	比ひ	仁に	知ち	之し	機き	以い
		留る	由ゆ	武む	不ふ	奴ぬ	川つ	寸す	久く	宇う
	恵ゑ	礼れ		女め	部へ	祢ね	天て	世せ	計け	衣え
	遠を	呂ろ	与よ	毛も	保ほ	乃の	止と	曽そ	己こ	於お

- 한자를 간략화하고, 한자의 모양을 빌려서 만든 글자
- 궁녀들에 의해 만들어짐
- 현대 일본에서 주로 사용하는 가장 보편적으로 쓰이는 문자
- 글자의 특성 : 부드러운 곡선(여성적)

2) 가타카나(カタカナ)

- 한자의 자획 일부분에서 따온 것
- 귀족 남성들의 의해 만들어짐
- 현대 일본어에서는 외래어 표기에 많이 쓰임
- 외래어, 의성어, 의태어, 강조어, 외국의 인명이나 지명, 고유어, 동물과 식물 이름, 전보문 등에도 사용
- 글자의 특징 : 딱딱한 직선

ア	阿	イ	伊	ウ	宇	エ	江	オ	於
カ	加	キ	機	ク	久	ケ	介	コ	己
サ	散	シ	之	ス	須	セ	世	ソ	曽
タ	多	チ	千	ツ	川	テ	天	ト	止
ナ	奈	ニ	仁	ヌ	奴	ネ	祢	ノ	乃
ハ	八	ヒ	比	フ	不	ヘ	部	ホ	保
マ	末	ミ	三	ム	牟	メ	女	モ	毛
ヤ	也			ユ	由			ヨ	與
ラ	良	リ	利	ル	流	レ	礼	ロ	呂
ワ	和	ヰ	井			ヱ	恵	ヲ	乎
ン	尓								

3) 한자(漢字)

- 고대 중국에서 발생한 한자와 일본에서 만든 한자(와제한자) – 자연, 법률어 등

- 상용한자[일상생활에서 필요한 한자 : 2,136자(2010년)]

- 대부분 약체자(한자의 획수를 줄여 간단하게 표기한 한자)

- 읽는 법 : 음독(중국의 음을 소리 나는 대로 읽는 법)
   훈독(한자의 뜻을 새겨서 읽는 법)

 오십음도(五十音図)

- 5개의 단과 10개의 행을 나열한 하라가나/가타카나 표를 50음도라 칭한다. 50개의 가나 중 현재는 46개만 사용하고 있다.(아카사타/나하마야/라와응)

 히라가나(ひらがな)

	あ단	い단	う단	え단	お단
あ행	あ	い	う	え	お
か행	か	き	く	け	こ
さ행	さ	し	す	せ	そ
た행	た	ち	つ	て	と
な행	な	に	ぬ	ね	の
は행	は	ひ	ふ	へ	ほ
ま행	ま	み	む	め	も
や행	や		ゆ		よ
ら행	ら	り	る	れ	ろ
わ행	わ				を
ん	ん				

혼동하기 쉬운 ひらがな 단어

あ [a]	お [o]	い [i]	り [ri]	さ [sa]	ち [chi]
た [ta]	な [na]	は [ha]	ほ [ho]	る [ru]	ろ [ro]
ね [ne]	れ [re]	わ [wa]			

読んで見ましょう

ひこうき 비행기　　くうこう 공항　　こうくう 항공　　かんこう 관광
かんこく 한국　　ちかてつ 지하철　　えき 역　　きない 기내

あ [a]	い [i]	う [u]	え [e]	お [o]

か [ka]	き [ki]	く [ku]	け [ke]	こ [ko]

さ	し	す	せ	そ
[sa]	[shi]	[su]	[se]	[so]

た	ち	つ	て	と
[ta]	[chi]	[tsu]	[te]	[to]

な	に	ぬ	ね	の
[na]	[ni]	[nu]	[ne]	[no]

は	ひ	ふ	へ	ほ
[ha]	[hi]	[fu]	[he]	[ho]

ま	み	む	め	も
[ma]	[mi]	[mu]	[me]	[mo]

や		ゆ		よ
[ya]		[yu]		[yo]

ら	り	る	れ	ろ
[ra]	[ri]	[ru]	[re]	[ro]

わ		を		ん
[wa]		[wo]		[n]

가타카나(カタカナ)

	ア단	イ단	ウ단	エ단	オ단
ア행	ア	イ	ウ	エ	オ
カ행	カ	キ	ク	ケ	コ
サ행	サ	シ	ス	セ	ソ
タ행	タ	チ	ツ	テ	ト
ナ행	ナ	ニ	ヌ	ネ	ノ
ハ행	ハ	ヒ	フ	ヘ	ホ
マ행	マ	ミ	ム	メ	モ
ヤ행	ヤ		ユ		ヨ
ラ행	ラ	リ	ル	レ	ロ
ワ행	ワ				ヲ
ン	ン				

혼동하기 쉬운 カタカナ 단어

ウ[u]	ラ[ra]	ワ[wa]	ク[ku]	コ[ko]	ユ[yu]
ン[n]	ソ[so]	シ[shi]	ツ[tsu]	チ[chi]	テ[te]

読んで見ましょう

ソウル 서울　　アメリカ 미국　　フランス 프랑스　　フライト 비행
ホテル 호텔　　トイレ 화장실　　トマト 토마토

ア	イ	ウ	エ	オ
[a]	[i]	[u]	[e]	[o]

カ	キ	ク	ケ	コ
[ka]	[ki]	[ku]	[ke]	[ko]

サ	シ	ス	セ	ソ
[sa]	[shi]	[su]	[se]	[so]

タ	チ	ツ	テ	ト
[ta]	[chi]	[tsu]	[te]	[to]

ナ	ニ	ヌ	ネ	ノ
[na]	[ni]	[nu]	[ne]	[no]

ハ	ヒ	フ	ヘ	ホ
[ha]	[hi]	[fu]	[he]	[ho]

マ	ミ	ム	メ	モ
[ma]	[mi]	[mu]	[me]	[mo]

ヤ		ユ		ヨ
[ya]		[yu]		[yo]

ラ	リ	ル	レ	ロ
[ra]	[ri]	[ru]	[re]	[ro]

ワ		ヲ		ン
[wa]		[wo]		[n]

1) **청음(清音)** : 오십음도에 나오는 가나 중에서 「ん」을 제외한 모든 음
   (맑은 음)

2) **탁음(濁音)** : 「か, さ, は, た」행의 글자 오른쪽 위에 탁점(˝)을 찍어 성대를
   진동하여 발음하는 음(탁한 음)

が행	が[ga]	ぎ[gi]	ぐ[gu]	げ[ge]	ご[go]
ざ행	ざ[za]	じ[ji]	ず[zu]	ぜ[ze]	ぞ[zo]
だ행	だ[da]	ぢ[ji]	づ[zu]	で[de]	ど[do]
ば행	ば[ba]	び[bi]	ぶ[bu]	べ[be]	ぼ[bo]

ガ행	ガ	ギ	グ	ゲ	ゴ
ザ행	ザ	ジ	ズ	ゼ	ゾ
ダ행	ダ	ヂ	ヅ	デ	ド
バ행	バ	ビ	ブ	ベ	ボ

 ## 読んで見ましょう

外国(がいこく) 외국   座席(ざせき) 좌석   水(みず) 물   かばん 가방
現金(げんきん) 현금   海老(えび) 새우   大学(だいがく) 대학

ガイド 가이드   ビジネスクラス 비즈니스 클래스   ドリンク 음료
サラダ 샐러드   バナナ 바나나   アルバイト 아르바이트   ビザ 비자

3) **반탁음(半濁音)** : 「は」행의 글자 오른쪽 위에 반탁점(゚)을 찍어 발음하는
　　　　　　　　　　　[ㅃ]과 [ㅍ]의 중간 음

ぱ행	ぱ[pa]	ぴ[pi]	ぷ[pu]	ぺ[pe]	ぽ[po]
パ행	パ[pa]	ピ[pi]	プ[pu]	ペ[pe]	ポ[po]

 読んで見ましょう

さんぽ 산책　　かんぱい 건배　　ぺらぺら 술술(특히 외국어를 잘 말하는 모양)
パン 빵　　ピザ 피자　　プレゼント 선물　　ペン 펜

4) 요음(拗音) : 「き/キ、ぎ/ギ、し/シ、じ/ジ、ち/チ、に/ニ、ひ/ヒ、び/ビ、ぴ/ピ、み/ミ、り/リ」의 い단에 「や/ャ、ゆ/ュ、よ/ョ」을 2분의 1 크기로 작게 붙여서 한 박으로 발음한다.

きゃ	きゅ	きょ	キャ	キュ	キョ
ぎゃ	ぎゅ	ぎょ	ギャ	ギュ	ギョ
しゃ	しゅ	しょ	シャ	シュ	ショ
じゃ	じゅ	じょ	ジャ	ジュ	ジョ
ちゃ	ちゅ	ちょ	チャ	チュ	チョ
にゃ	にゅ	にょ	ニャ	ニュ	ニョ
ひゃ	ひゅ	ひょ	ヒャ	ヒュ	ヒョ
びゃ	びゅ	びょ	ビャ	ビュ	ビョ
ぴゃ	ぴゅ	ぴょ	ピャ	ピュ	ピョ
みゃ	みゅ	みょ	ミャ	ミュ	ミョ
りゃ	りゅ	りょ	リャ	リュ	リョ

読んで見ましょう

お客(きゃく) 손님   到着(とうちゃく) 도착   旅行(りょこう) 여행
キャンセル 취소   ジュニア 주니어   ジョギング 조깅

5) **촉음(促音)** : 우리말의 받침과 같은 역할을 하며, 「っ/ッ」를 2분의 1 크기로 작게 붙여 뒤에 오는 음에 따라 발음이 달라진다. 우리말의 '사이시옷'처럼 발음되는 경우이다.

読んで見ましょう

にっき 일기   ざっし 잡지   みっつ 셋   いっぱい 가득
チケット 티켓   ショッピング 쇼핑   チェックイン 체크인

6) **발음(発音)** : 우리말의 받침과 같은 역할을 하며, 「ん/ン」을 붙여 한 박자의 길이를 가진다. 뒤에 오는 음에 따라 발음이 달라진다.

読んで見ましょう

さんぽ 산책   あんない 안내   りんご 사과   でんわ 전화
ワンピース 원피스   チャンス 찬스   ショッピング 쇼핑   キッチン 키친

7) **장음(長音)** : 발음의 길이에 따라 뜻이 달라진다. 히라가나의 경우는 「あ,い,う,え,お」를 붙여 발음을 길게 하여 장음을 나타낸다. 가타카나의 경우는 장음을 「-」로 나타낸다.

読んで見ましょう

おか<u>あ</u>さん	어머니	お<u>に</u>いさん	형, 오빠
ふ<u>う</u>ふ	부부	おと<u>う</u>さん	아버지
おね<u>え</u>さん	누나, 언니	お<u>じ</u>いさん	할아버지(おじさん 아저씨)
おば<u>あ</u>さん	할머니(おばさん 아줌마)	ビール	맥주(ビル 빌딩)
パスポート	여권	シートベルト	좌석벨트
スケジュール	스케줄	サービス	서비스
ハンバーガー	햄버거	ゲート	탑승구

히라가나 테스트

[a]	[i]	[u]	[e]	[o]
[ka]	[ki]	[ku]	[ke]	[ko]
[sa]	[shi]	[su]	[se]	[so]
[ta]	[chi]	[tsu]	[te]	[to]
[na]	[ni]	[nu]	[ne]	[no]
[ha]	[hi]	[fu]	[he]	[ho]
[ma]	[mi]	[mu]	[me]	[mo]
[ya]		[yu]		[yo]
[ra]	[ri]	[ru]	[re]	[ro]
[wa]				[wo]
[n]				

 가타카나 테스트

[a]	[i]	[u]	[e]	[o]
[ka]	[ki]	[ku]	[ke]	[ko]
[sa]	[shi]	[su]	[se]	[so]
[ta]	[chi]	[tsu]	[te]	[to]
[na]	[ni]	[nu]	[ne]	[no]
[ha]	[hi]	[fu]	[he]	[ho]
[ma]	[mi]	[mu]	[me]	[mo]
[ya]		[yu]		[yo]
[ra]	[ri]	[ru]	[re]	[ro]
[wa]				[wo]
[n]				

🐱 기본 접객 일본어

① いらっしゃいませ。 어서 오세요.

② ようこそ。 환영합니다.

③ おはようございます。 안녕하세요.(아침)

④ こんにちは。 안녕하세요.(점심)

⑤ こんばんは。 안녕하세요.(저녁)

⑥ ありがとうございます。 감사합니다.(계속)

⑦ ありがとうございました。 감사합니다.(완료)

⑧ すみません。 죄송합니다.(사죄)

⑨ すみません。 실례합니다.(부를 때)

⑩ 失礼(しつれい)いたします。 실례합니다.

⑪ 申(もう)し訳(わけ)ございません。 죄송합니다.(사죄)

⑫ 恐(おそ)れ入(い)りますが。 죄송합니다만(양해)

⑬ かしこまりました。 알겠습니다.

⑭ すぐ、お持(も)ちいたします。 곧 가져다드리겠습니다.

⑮ どうぞ、ごゆっくり。 편히 쉬세요./맛있게 드세요.

기본 접객 표현을 써보세요.

① 어서 오세요.

_____

② 환영합니다.

_____

③ 안녕하세요.(아침)

_____

④ 안녕하세요.(점심)

_____

⑤ 안녕하세요.(저녁)

_____

⑥ 감사합니다.(계속)

_____

⑦ 감사합니다.(완료)

_____

⑧ 죄송합니다.(사죄)

_____

⑨ 실례합니다.(부를 때)

_____

⑩ 실례합니다.(정중)

_____

⑪ 죄송합니다.(사죄)

_____

⑫ 죄송합니다만(양해)

_____

⑬ 알겠습니다.(정중)

_____

⑭ 곧 가져다드리겠습니다.

_____

⑮ 편히 쉬세요./맛있게 드세요.

_____

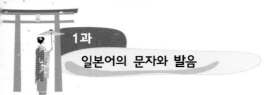
50음도(五十音圖) 쓰기

⑴ ひらがな 쓰기

あ	あ	あ	あ	あ			
い	い	い	い	い			
う	う	う	う	う			
え	え	え	え	え			
お	お	お	お	お			

か	か	か	か	か			
き	き	き	き	き			
く	く	く	く	く			
け	け	け	け	け			
こ	こ	こ	こ	こ			

さ	さ	さ	さ	さ			
し	し	し	し	し			
す	す	す	す	す			
せ	せ	せ	せ	せ			
そ	そ	そ	そ	そ			

た	た	た	た	た			
ち	ち	ち	ち	ち			
つ	つ	つ	つ	つ			
て	て	て	て	て			
と	と	と	と	と			

な	な	な	な	な			
に	に	に	に	に			
ぬ	ぬ	ぬ	ぬ	ぬ			
ね	ね	ね	ね	ね			
の	の	の	の	の			

は	は	は	は	は			
ひ	ひ	ひ	ひ	ひ			
ふ	ふ	ふ	ふ	ふ			
へ	へ	へ	へ	へ			
ほ	ほ	ほ	ほ	ほ			

ま	ま	ま	ま	ま			
み	み	み	み	み			
む	む	む	む	む			
め	め	め	め	め			
も	も	も	も	も			

や	や	や	や	や			
ゆ	ゆ	ゆ	ゆ	ゆ			
よ	よ	よ	よ	よ			

ら	ら	ら	ら	ら			
り	り	り	り	り			
る	る	る	る	る			
れ	れ	れ	れ	れ			
ろ	ろ	ろ	ろ	ろ			

わ	わ	わ	わ	わ			
を	を	を	を	を			
ん	ん	ん	ん	ん			

⑵ カタカナ 쓰기

ア	ア	ア	ア	ア			
イ	イ	イ	イ	イ			
ウ	ウ	ウ	ウ	ウ			
エ	エ	エ	エ	エ			
オ	オ	オ	オ	オ			

カ	カ	カ	カ	カ			
キ	キ	キ	キ	キ			
ク	ク	ク	ク	ク			
ケ	ケ	ケ	ケ	ケ			
コ	コ	コ	コ	コ			

サ	サ	サ	サ	サ		
シ	シ	シ	シ	シ		
ス	ス	ス	ス	ス		
セ	セ	セ	セ	セ		
ソ	ソ	ソ	ソ	ソ		

タ	タ	タ	タ	タ		
チ	チ	チ	チ	チ		
ツ	ツ	ツ	ツ	ツ		
テ	テ	テ	テ	テ		
ト	ト	ト	ト	ト		

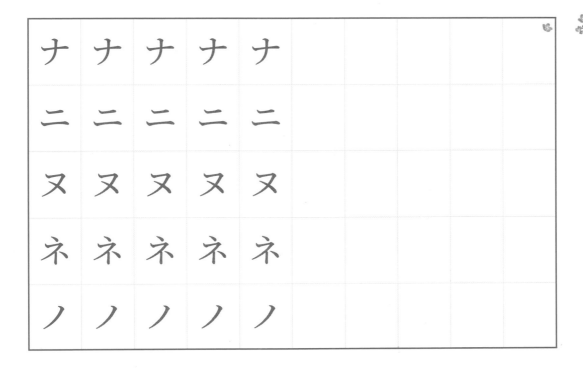

ナ	ナ	ナ	ナ	ナ			
二	二	二	二	二			
ヌ	ヌ	ヌ	ヌ	ヌ			
ネ	ネ	ネ	ネ	ネ			
ノ	ノ	ノ	ノ	ノ			

ハ	ハ	ハ	ハ	ハ			
ヒ	ヒ	ヒ	ヒ	ヒ			
フ	フ	フ	フ	フ			
ヘ	ヘ	ヘ	ヘ	ヘ			
ホ	ホ	ホ	ホ	ホ			

マ	マ	マ	マ	マ
ミ	ミ	ミ	ミ	ミ
ム	ム	ム	ム	ム
メ	メ	メ	メ	メ
モ	モ	モ	モ	モ

ヤ	ヤ	ヤ	ヤ	ヤ
ユ	ユ	ユ	ユ	ユ
ヨ	ヨ	ヨ	ヨ	ヨ

ラ	ラ	ラ	ラ	ラ			
リ	リ	リ	リ	リ			
ル	ル	ル	ル	ル			
レ	レ	レ	レ	レ			
ロ	ロ	ロ	ロ	ロ			

ワ	ワ	ワ	ワ	ワ			
ヲ	ヲ	ヲ	ヲ	ヲ			
ン	ン	ン	ン	ン			

안녕하세요

はじめまして(자기소개)

항공 승무원을 위한 **항공서비스 일본어 회화**

2과

본문

A1 : はじめまして。私（わたし）は OOOです。

OOで 済（す）んでいます。

年（とし）は 二十歳（はたち）で、大学生（だいがくせい）です。

よろしく おねがい します。

처음 뵙겠습니다. 저는 OOO입니다.
OO에 살고 있습니다.
나이는 20살이고, 대학생입니다.
잘 부탁드립니다.

A2 : はじめまして。私（わたし）の名前（なまえ）は OOOです。

OO大学（だいがく）の 1（いち）年生（ねんせい）です。

専攻（せんこう）は 航空（こうくう） サービスです。

どうぞ、よろしく おねがい します。

처음 뵙겠습니다. 제 이름은 OOO입니다.
OO대학교 1학년입니다.
전공은 항공서비스입니다.
잘 부탁드립니다.

A3 : こんにちは。

私（わたし）は OOOと もうします。

大学で 航空サービスを しています。

出身は OOですけと、いまは ソウルで くらして います。

どうぞ、よろしく おねがい いたします。

안녕하세요. 저는 OOO라고 합니다.

대학에서 항공서비스를 공부하고 있습니다.

출신은 OO이지만, 지금은 OO에 살고 있습니다.

잘 부탁드립니다.

＊ ソウル　서울　　　　インチョン 인천　　　キョンギド 경기도

스ウォン 수원　　　　ブチョン 부천　　　プサン 부산

デジョン 대전　　　　デグ 대구　　　クァンジュ 광주

カンウォンド 강원도　　チュンチョンド 충청도　　キョンサンド 경상도

チョンラド 전라도　　ジェジュド 제주도

 본문 단어

はじめまして	처음 뵙겠습니다
私(わたし)	나/저
~は[wa]	[조사] ~은(는)
~で	[조사] ~에(장소)/이며(명사 연결형)
~の	[조사] ~의
~です	~입니다
~ではありません	~이(가) 아닙니다
~と 申(もう)します	~라고 합니다
~て형+ います	~하고 있습니다(진행형)
住(す)んでいます	살고 있습니다(住(す)む)
くらしています	살고 있습니다(くらす)
年(とし)	나이
名前(なまえ)	이름
二十歳(はたち)	스무살
大学(だいがく)	대학
大学生(だいがくせい)	대학생
1(いち)年生(ねんせい)	1학년(2年生 2학년)
専攻(せんこう)	전공
航空(こうくう) サービス	항공서비스
出身(しゅっしん)	출신
~ですけと	~입니다만
いま	지금
ソウル	서울
どうぞ	아무쪼록, 부디
よろしくおねがいいたします	잘 부탁합니다(おねがいします보다 더 정중한 표현)

문법

1. 인칭대명사

1인칭	私(わたし/わたくし) 나/저, ぼく・おれ 나(남자)
2인칭	あなた 당신, きみ 너
3인칭	彼(かれ) 그, 彼女(かのじょ) 그녀
부정칭	誰(だれ) 누구

- くん　　　　　군, 주로 남성 동년배 또는 손아랫사람에게 사용
- ちゃん　　　　친근감을 주는 호칭, さん보다 다정한 호칭
  　　　　　　　유아어=(お)とうちゃん 아빠, (お)かあちゃん 엄마
- 彼氏(かれし)　남자친구 = ボーイフレンド
- 彼女(かのじょ)　=ガールフレンド
- 恋人(こいびと) 애인

2. ~の　　　　　　　~의

명사와 명사를 잇는 조사로 쓰이며, 소속을 나타내거나 '~의'라고 해석한다.

3. ~は　~です　　　~은(는)　~입니다

[は]를 조사로 사용할 때는 [は]를 와[wa]로 읽는다.

4. ~は　~ですか　　　　~은(는)　~입니까?

의문사로 만들 때에는 의문 조사 [~か]를 사용한다.

5. はい、~です　　　　네,　~입니다

의문문에 답할 때, 긍정형은 [はい、~です]로 답한다.

6. いいえ、~ではありません。

いいえ、~じゃありません。 아니요,　~이(가) 아닙니다

의문문에 답할 때, 부정형은 [いいえ、~ではありません]이나, [いいえ、~じゃありません]로 답한다.

▶ **대표적인 조사 1**

~は[wa]	~은/는	~で	~에서
~を	~을/를	~に	~에
~の	~의	~と	~와/과
~が	~이/가	から~まで	~부터 ~까지

새로운 단어

~さん	~씨
大学生(だいがくせい)	대학생
会社員(かいしゃいん)	회사원
学生(がくせい)	학생
先生(せんせい)	선생님

国(나라)＋人(じん) ：　~인

韓国人(かんこくじん)	한국인
日本人(にほんじん)	일본인
中国人(ちゅうごくじん)	중국인
アメリカ人(じん)	미국인
フランス人(じん)	프랑스인
イタリア人(じん)	이탈리아인
ベトナム人(じん)	베트남인

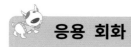 응용 회화

A : はじめまして。

　　わたしは　OOOです。

　　どうぞ、よろしく　おねがいします。

B : はじめまして。

　　私_{わたし}の名前_{なまえ}は　OOOです。

　　こちらこそ　よろしく　おねがいします。

A : あなたは　大学生_{だいがくせい}ですか。

B : はい、大学生_{だいがくせい}です。

　　Aさんは　大学生_{だいがくせい}ですか。

A : いいえ、大学生_{だいがくせい}　ではありません。

　　　　　　(大学生_{だいがくせい}　じゃありません)

　　会社員_{かいしゃいん}です。

解석

A : 처음 뵙겠습니다. 저는 OOO입니다. 잘 부탁드립니다.
B : 처음 뵙겠습니다. 제 이름은 OOO입니다. 저야말로 잘 부탁드립니다.
A : 당신은 대학생입니까?
B : 네, 대학생입니다. A씨는 대학생입니까?
A : 아니요, 대학생이 아닙니다. 회사원입니다.

▶ 익힌 내용으로 자기소개를 써보세요.

い(이)형용사 形容詞^{けいようし}

- 일본어에는 우리나라 말과 다르게 형용사가 2가지가 있다. 하나는 い(이)형용사, 다른 하나는 な(나)형용사이다.

- 형용사는 사물의 성질이나 상태를 나타내는 말로 '~하다'라는 뜻이다. 우선, い형용사를 알아보고, 그다음에 な(나)형용사를 살펴보겠다.

- い형용사의 기본형은 어미가 '~い'로 반드시 끝난다. 먼저, 대표적인 い형용사를 알아보자.

대표적인 い형용사

暑い 덥다	↔ 寒い 춥다	白い 희다	↔ 黒い 검다
熱い 뜨겁다	↔ 冷たい 차갑다	青い 파랗다	↔ 赤い 빨갛다
暖かい 따뜻하다	↔ 涼しい 서늘하다	明るい 밝다	↔ 暗い 어둡다
高い 비싸다	↔ 安い 싸다	早い 빠르다(시간)	↔ 遅い 늦다
高い 높다	↔ 低い 낮다	速い 빠르다(속도)	↔ 遅い 늦다
大きい 크다	↔ 小さい 작다	新しい 새롭다	↔ 古い 오래되다
多い 많다	↔ 少ない 적다	強い 강하다	↔ 弱い 약하다
遠い 멀다	↔ 近い 가깝다	いい/よい 좋다	↔ 悪い 나쁘다
面白い 재미있다 ↔ つまらない 재미없다		楽しい 즐겁다	↔ 苦しい 괴롭다
おいしい/うまい 맛있다 ↔ まずい 맛없다		難しい 어렵다	↔ 易しい 쉽다
からい 맵다	こわい 무섭다	いそがしい 바쁘다	
うれしい 기쁘다	なつかしい 그립다	すばらしい 멋있다, 굉장하다	
いたい 아프다	はずかしい 창피하다	うらやましい 부럽다	
さびしい 쓸쓸하다	めずらしい 드물다	うつくしい 아름답다	

 い형용사의 활용

1) い형용사의 정중형 :　~입니다

　~い　＋　です。

예)　キムチは　からいです。　　　　김치는 맵습니다.(からい)
　　　大学は　ちかいです。　　　　　대학교는 가깝습니다.(ちかい)
　　　にほんごは　おもしろいです。　일본어는 재미있습니다.(おもしろい)
　　　たこやきは　おいしいです。　　타코야키는 맛있습니다.(おいしい)

2) い형용사의 부정형 :　　　~하지 않습니다

　~い　＋　く　ない。　　　　~하지 않다
　~い　＋　く　ないです。　　~하지 않습니다
　~い　＋　く　ありません。~하지 않습니다

예)　ブルゴギは　からくありません。　불고기는 맵지 않습니다.(からい)
　　　うちから　とおくありません。　　집에서 멀지 않습니다.(とおい)
　　　にほんごは　むずかしくないです。일본어는 어렵지 않습니다.(むずかしい)
　　　やすくない。　　　　　　　　　　싸지 않다.(やすい)

3) い형용사의 명사 수식형 :　　~한

~い　+ 명사

예)　うつくしい かのじょ　　　　　　　아름다운 그녀

　　しろい 犬_{いぬ}　　　　　　　　　　하얀 개

　　ふるい 本_{ほん}　　　　　　　　　　낡은 책

4) い형용사의 과거형 :

~い + かった。　　　~했다

~い + かったです。　　~했습니다

예)　映画_{えいが}は こわかったです。　　　영화는 무서웠습니다.(こわい)

　　ユンサートは よかったです。　　　콘서트는 좋았습니다.(よい)

　　週末_{しゅうまつ}は いそがしかったです。　　주말은 바빴습니다.(いそがしい)

　　風_{かぜ}が つよかった。　　　　　　바람이 강했다.(つよい)

5) い형용사의 과거부정형 :   ~하지 않았습니다

~い + く な か っ た で す。

예) ビルは たかくなかったです。   빌딩은 높지 않았습니다.(たかい)
　　このユーヒーは あつくなかったです。   이 커피는 뜨겁지 않았습니다.(あつい)
　　エスカレーターは はやくなかった。   에스컬레이터는 빠르지 않았다.(はやい)

 2과 주요 단어 쓰기 연습

① **私(わたし)**　　　나/저

わたし		

② **名前(なまえ)**　　　이름

なまえ		

③ **大学(だい がく)**　　　대학

だいがく		

④ **1年生(いち ねん せい)** 1학년

いちねんせい		

⑤ **会社員(かい しゃ いん) 회사원**

かいしゃいん		

⑥ **韓国(かん こく)**　　　한국

かんこく		

⑦ **日本人(に ほん じん)**　　일본인

にほんじん		

⑧ **航空(こう くう)**　　　항공

こうくう		

⑨ **サービス**　　　서비스

サービス		

⑩ **ソウル**　　　서울

ソウル		

▶ 연습문제

1. 보기와 같이 연습해보세요.

> 보기　A : あなたは 大学生<small>だいがくせい</small>ですか。
>
> 　　　B : はい、 だいがくせい　です。
>
> 　　　　 いいえ、だいがくせい　ではありません/ じゃありません。

1) A : あなたは 会社員(かいしゃいん)ですか。

　　B : はい、＿＿＿＿＿＿＿＿＿＿＿＿＿ です。

　　　 いいえ、かいしゃいん ＿＿＿＿＿＿＿＿＿＿＿＿。

2) A : かのじょは 韓国人(かんこくじん)ですか。

　　B : はい、＿＿＿＿＿＿＿＿＿＿＿＿＿ です。

　　　 いいえ、かんこくじん ＿＿＿＿＿＿＿＿＿＿＿。

3) A : かれは アメリカ人<small>じん</small>　ですか。

　　B : はい、＿＿＿＿＿＿＿＿＿＿＿＿＿ です。

　　　 いいえ、アメリカ人<small>じん</small> ＿＿＿＿＿＿＿＿＿＿＿＿。

4. A：Bさんは <u>学生(がくせい)</u> ですか。

  B：はい、＿＿＿＿＿＿＿＿＿＿＿＿ です。

  いいえ、がくせい ＿＿＿＿＿＿＿＿＿＿＿。

2. 빈칸을 채우세요.

~は[wa]		~で	
~を		~に	
~の		~と	
~が		から~まで	

3. 일어로 써보세요.

   1) 일본어는 재미있습니다.(おもしろい)

   _____

   2) 일본어는 어렵지 않습니다.(むずかしい)

   _____

3) 하얀 개(しろい)

_____

4) 영화는 무서웠습니다.(こわい)

_____

5) 빌딩은 높지 않았습니다.(たかい)

_____

▶ 자주 출제되는 가타카나 1(N5~N4 : ア행~カ행)

アイディア	아이디어	ガソリン	휘발유, 가솔린
アイスクリーム	아이스크림	カップ	컵
アイスコーヒー	아이스 커피	カップラーメン	컵라면
アパート	아파트	カメラ	카메라
アメリカ	미국, 아메리카	カラオケ	가라오케
アメリカノ	아메리카노	カレー	카레
アルバイト	아르바이트	カレーライス	카레라이스
イメージ	이미지	クラス	반, 클래스
インターネット	인터넷	ゲート	출입구, 게이트
エアコン	에어컨	ゲーム	게임
エスカレーター	에스컬레이터	コート	코트
エレベーター	엘리베이터	コーヒー	커피
オーディオ	오디오	コピー	복사, 카피
オムライス	오므라이스	コンピューター	컴퓨터
オレンジジュース	오렌지주스		

▶ 확인 체크

다음 알맞은 가타카나를 고르세요.

1. 아이스크림	①アイスクリム	②アイスクリーム
2. 아이디어	①アイディア	②アイデア
3. 인터넷	①インターネット	②インータネット
4. 이미지	①イミージ	②イメージ
5. 엘리베이터	①エレベーター	②エレベータ
6. 오디오	①オーヂィオ	②オーディオ
7. 가솔린	①ガソリン	②カソリン
8. 복사	①ユーヒー	②ユピー
9. 게이트	①ゲーム	②ゲート
10. 아파트	①アパート	②アバート

답 1. ② 2. ① 3. ① 4. ② 5. ① 6. ② 7. ① 8. ② 9. ② 10. ①

어서오세요

いらっしゃいませ(공항 카운터에서)

3과

본문

GS : いらっしゃいませ。パスポートと チケットおねがいします。

きゃく : はい、これです。

GS : どちらまで いらっしゃいますか。

きゃく : とうきょう です。

GS : おにもつは ありますか。

きゃく : ひとつです。

GS : こちらに おにもつを おねがいします。
きゃく : はい。

GS : おまたせいたしました。
こちらが ざせき ばんごうです。
そして、とうじょうぐちは 7(なな) ばんです。

きゃく : はい、ありがとうございます。

GS : どうぞ、ごゆっくり。

본문(한자)

GS : いらっしゃいませ。パスポートと チケットお願いします。

きゃく : はい、これです。

GS : どちらまで いらっしゃいますか。

きゃく : 東京です。

GS : お荷物は ありますか。

きゃく : 一つです。

GS : こちらに お荷物を お願いします。

きゃく : はい。

GS : おまたせいたしました。
こちらが 座席番号です。
そして、搭乗口は 7番です。

きゃく : はい、ありがとうございます。

GS : どうぞ、ごゆっくり。

본문 단어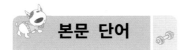

きゃく	손님
いらっしゃいませ	어서오세요
パスポート	여권, 패스포트
チケット	티켓
これ	이것
こちら	이쪽
どちら	어느 쪽, 어디
~と	[조사] ~와/과
~に	[조사] ~에
~を	[조사] ~을/를
~が	[조사] ~이/가
~まで	[조사] ~까지
お荷物(にもつ)	짐
あります	있습니다
ありますか	있습니까?
ありません	없습니다
一(ひと)つ	한 개
そして	그리고
東京(とうきょう)	도쿄, 동경
座席(ざせき)番号(ばんごう)	좌석 번호
搭乗口(とうじょうぐち)	탑승구
7(なな)番(ばん)	7번
いらっしゃいますか	가십니까?
おまたせいたしました	오래 기다리셨습니다
ありがとうございます	감사합니다
どうぞ、ごゆっくり	편안한 여행되세요

 문법

존재동사

1. ある : あります · ありません · ありますか
   있다 : 있습니다 · 없습니다 · 있습니까

   : 무생물, 식물이나 사물의 존재를 나타낼 때

   예) 机 책상, 椅子 의자, 時計 시계, マイク 마이크, 花 꽃 등

2. いる : います · いません · いますか
   있다 : 있습니다 · 없습니다 · 있습니까

   : 사람이나 동물의 존재를 나타낼 때

   예) 韓国人 한국 사람, 先生 선생님, 学生 학생, 犬 개, 猫 고양이 등

3. 기본 동사 : ある · ない(있다 · 없다) / いる · いない(있다 · 없다)

   예) あっ、お金が　ない。　　아, 돈이 없다.
   　　学生が　いない。　　　　학생이 없다.

 존경동사 정중형

: 상대방을 높이는 표현. 상대방이 동작의 주체가 되어야 한다.

いらっしゃいます :　　계십니다 / 가십니다 / 오십니다
(います) / (いきます) / (きます)

 지시사

	こ(이)	そ(그)	あ(저)	ど(어느)
사물(~것)	これ 이것	それ 그것	あれ 저것	どれ 어느 것
방향(~쪽)	こちら 이쪽	そちら 그쪽	あちら 저쪽	どちら 어느 쪽
장소(~기)	ここ 여기	そこ 거기	あそこ 저기	どこ 어디
명사 수식	この 이	その 그	あの 저	どの 어느

 숫자(1~10)

1	2	3	4	5
いち	に	さん	し・よん・よ	ご
6	**7**	**8**	**9**	**10**
ろく	しち・なな	はち	きゅう・く	じゅう

고유수사

한 개	두 개	세 개	네 개	다섯 개
ひとつ	ふたつ	みっつ	よっつ	いつつ
여섯 개	일곱 개	여덟 개	아홉 개	열 개
むっつ	ななつ	やっつ	ここのつ	とお

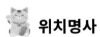 **위치명사**

위	아래	오른쪽	왼쪽
上	下	右	左
うえ	した	みぎ	ひだり
안	밖	옆	
中	外	隣, 横, 側	
なか	そと	となり, よこ, そば	

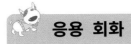 **응용 회화**

A : いらっしゃいませ。
　　パスポートと チケットおねがいします。
　　おにもつは ありますか。

B : はい、どうぞ。
　　にもつは ありません。

A : おまたせいたしました。
　　ゲートは 6(ろく)ばんです。

B : はい、どうも。
　　あ、すみませんが、トイレは どこに ありますか。

A : みぎがわに あります。

해석

A : 어서오세요. 여권과 티켓 부탁드립니다. 짐은 있습니까?
B : 네, 여기요. 짐은 없습니다.
A : 오래 기다리셨습니다. 게이트는 6번입니다.
B : 네, 감사합니다. 아, 죄송하지만, 화장실은 어디에 있습니까?
A : 오른쪽에 있습니다.

▶ **3과 본문과 해석을 한 번 쓰세요.**

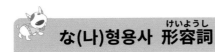

な(나)형용사 形容詞

- い(이)형용사의 기본형은 어미가 '~い'로 반드시 끝나지만, な형용사의 기본형은 '~だ'로 끝난다. 먼저, 대표적인 な형용사를 알아보자.

 ### 대표적인 な형용사

好きだ 좋아하다 ↔ 嫌いだ 싫어하다		上手だ 잘하다 ↔ 下手だ 서툴다	
便利だ 편리하다 ↔ 不便だ 불편하다		得意だ 잘하다 ↔ 苦手だ 못하다	
きれいだ 깨끗하다,예쁘다	にぎやかだ 시끌벅적하다	しずかだ 조용하다	
新鮮だ 신선하다	親切だ 친절하다	真面目だ 성실하다	
大丈夫だ 괜찮다, 상관없다	大事だ 중요, 소중하다	大切だ 중요, 소중하다	
元気だ 건강하다	同じだ 똑같다	残念だ 유감이다	

 형용사의 활용

1) **な형용사의 정중형 :**

　~だ + です。　　　~입니다

예) この ダイアリーは 私にとって 大切です。(大切だ)
　　이 다이어리는 나에게 소중합니다.

2) **な형용사의 부정형 :**

　~だ ＋ ではない。　　　　　~하지 않다
　~だ ＋ ではないです。　　　~하지 않습니다
　~だ ＋ ではありません。　　~하지 않습니다

예) 大丈夫ではない。　　　　　　　　　괜찮지 않다.(大丈夫だ)
　　あの人(ひと)は 親切ではないです。　저 사람은 친절하지 않습니다.(親切だ)
　　これは 便利ではありません。　　　　이것은 편리하지 않습니다.(便利だ)

3) な형용사의 명사 수식형 :   ~한

$$\boxed{\sim だ} + な + 명사$$

예) 真面目な 性格です。   성실한 성격입니다.(真面目だ)

  しずかな まち。   조용한 거리(しずかだ)

4) な형용사의 과거형 :

$$\boxed{\sim だ} + だった。   \sim 했다$$
$$\boxed{\sim だ} + でした。   \sim 했습니다$$

예) 彼女は きれいだった。   그녀는 예뻤다.(きれいだ)

  かのじょは きれいでした。   그녀는 예뻤습니다.(きれいだ)

5) な형용사의 과거부정형 :　　~하지 않았습니다

　~だ + ではありませんでした。　　~하지 않았습니다
　~だ + じゃありませんでした。
　~だ + ではなかったです。
　~だ + じゃなかったです。

예) マグロは 新鮮ではありませんでした。(新鮮だ)

참치는 신선하지 않았습니다.

そこの すしは 新鮮ではなかったです。

그(가게)의 초밥은 신선하지 않았습니다.

3과 주요 단어 쓰기 연습

① 東京(とう きょう)　　동경

とうきょう		

② 座席(ざ せき)　　좌석

ざせき		

③ 番号(ばん ごう)　　번호

ばんごう		

④ 搭乗口(とう じょう ぐち) 탑승구

とうじょうぐち		

⑤ いらっしゃいませ　　어서오세요

いらっしゃいませ		

⑥ いらっしゃいますか　　　가십니까?

いらっしゃいますか		

⑦ おまたせいたしました　　오래 기다리셨습니다

おまたせいたしました		

⑧ ありがとうございます　　감사합니다

ありがとうございます		

⑨ パスポート　　　　　　　여권, 패스포트

パスポート		

⑩ チケット　　　　　　　　티켓

チケット		

▶ 연습문제

1. 일어로 써보세요.

1) 여권과 티켓 부탁합니다.

2) 어디까지 가십니까?

3) 짐은 있으십니까?

4) 화장실은 어디에 있습니까?

5) 왼쪽에 있습니다.

6) 3개 있습니다.

7) 2명 있습니다.

2. 빈칸을 채워보세요.

 지시사

	こ(이)	そ(그)	あ(저)	ど(어느)
사물(~것)				
방향(~쪽)				
장소(~기)				

 숫자(1~10)

1	2	3	4	5
6	7	8	9	10

 고유수사

한 개	두 개	세 개	네 개	다섯 개
여섯 개	일곱 개	여덟 개	아홉 개	열 개

 위치명사

위 上	아래 下	오른쪽 右	왼쪽 左
안 中	밖 外	옆	

3. 일어로 써보세요.

   1) 이것은 소중합니다.(<ruby>大切<rt>たいせつ</rt></ruby>だ)

        _____

   2) 조용한 거리(しずかだ)

        _____

   3) 이것은 편리하지 않습니다.(<ruby>便利<rt>べんり</rt></ruby>だ)

        _____

   4) 그녀는 예뻤습니다.(きれいだ)

        _____

   5) 초밥은 신선하지 않았습니다.(<ruby>新鮮<rt>しんせん</rt></ruby>だ)

        _____

일본어능력시험(JLPT)에 대하여

- 일본어능력시험(JLPT)은 급수제로, N1~N5로 레벨이 나뉘어 있어 자신에게 맞는 레벨을 선택할 수 있다. N1~N2는 '언어지식(문자, 어휘, 문법)·독해'와 '청해'이다. N3~N5은 '언어지식(문자, 어휘)'·'언어지식(문법)·독해'와 '청해'이다.
- 이 교재에서는 N4급과 N5급의 '언어지식(문자, 어휘) 기출문제 유형을 중심으로 알아보자.

레벨	유형별	시간	인정기준
N4	언어지식(문자, 어휘)	95분	읽기 - 기본적인 어휘나 한자로 쓰인, 일상생활에서 흔하게 일어나는 화제의 문장을 읽고 이해할 수 있다. 듣기 - 일상적인 장면에서 다소 느린 속도의 회화라면 내용을 거의 이해할 수 있다.
	언어지식(문법)·독해		
	청해	35분	
	계	130분	
N5	언어지식(문자, 어휘)	80분	읽기 - 히라가나나 가타가나, 일상생활에서 사용되는 기본적인 한자로 쓰인 정형화된 어구나, 문장을 읽고 이해할 수 있다. 듣기 - 일상생활에서 자주 접하는 장면에서 느리고 짧은 회화로부터 필요한 정보를 얻어낼 수 있다.
	언어지식(문법)·독해		
	청해	30분	
	계	110분	

N5

げんご　ちしき(言語知識) 文字(もじ)・語彙(ごい)

25分(ふん)

注意(ちゅうい)

Notes

1. しけんが　はじまるまで、この　もんだいようしを　あけないで　ください。
   Do not open this question booklet until the test begins.

2. この　もんだいようしを　もって　かえる　ことは　できません。
   Do not take this question booklet with you after the test.

3. じゅけん　ばんごうと　なまえを　したの　らんに、じゅけんひょうと　おなじ
   ように　かいて　ください。
   Write your examinee registration number and name clearly in each
   box below as written on your test voucher.

4. この　もんだいようしは　ぜんぶで　8ページ　あります。
   This question booklet has 8 pages.

5. もんだいには　かいとう　ばんごうの　1, 2, 3...が　あります。かいとうは、か
   いとうようしに　ある　おなじ　ばんごうの　ところに　マークして　ください。
   One of the row numbers 1, 2, 3... is given for each question. Mark
   your answer in the same row of the answer sheet.

じゅけんばんごう(Examinee Registration Number)	
なまえ(Name)	

N5 문자・어휘(한자 읽기)

もんだい1 ＿＿＿＿＿ の ことばは ひらがなで どう かきます
か。1・2・3・4 から いちばん いい ものを
ひとつ えらんで ください。

例(れい) 大きな いぬが います。

① おきな ② だいきな ③ おおきな ④ たいきな

れい	① ② ❸ ④

---

1. 毎日 ともだちと うんどうを して います。

   ① めいにち　　② まいにち　　③ めいひ　　④ まいひ

2. かぞくと 外国に いきました。

   ① がいごく　　② かいこく　　③ かいごく　　④ がいこく

3. この ホテルは 高いです。

   ① なかい　　② たかい　　③ こかい　　④ ちかい

4. <u>車</u>のしたに　ねこが　ねて　います。

　　① ちゃ　　　　② しゃ　　　　③ ぐるま　　　④ くるま

5. <u>電車</u>で　だいがくに　いきます。

　　① でんしゃ　　② てんしゃ　　③ でんじゃ　　④ てんじゃ

답 1. ②　2. ④　3. ②　4. ④　5. ①

자주 출제되는 가타카나 2(N5~N4 : サ행~タ행)

サービス	서비스	ソーセージ	소시지
サラダ	샐러드	タクシー	택시
サンドイッチ	샌드위치	チェックイン	체크인
シャツ	셔츠	チケット	티켓
ショッピング	쇼핑	テーブル	테이블
ジョギング	조깅	テスト	시험, 테스트
スカート	스커트	デザイン	디자인
スキー	스키	デザート	디저트
スーツ	정장, 수트	デパート	백화점
スペイン	스페인	トイレ	화장실
スポーツ	스포츠	トマト	토마토
セーター	스웨터		

▶ 확인 체크

다음 알맞은 가타카나를 고르세요.

1. 서비스	①サービス	②サビース
2. 샌드위치	①サンドイッチ	②サンドイチ
3. 셔츠	①ツャシ	②シャツ
4. 쇼핑	①ショピング	②ショッピング
5. 스키	①スキ	②スキー
6. 스포츠	①スポーツ	②スホーツ
7. 티켓	①チケット	②チケット
8. 디저트	①デザート	②ディザート

답 1. ① 2. ① 3. ② 4. ② 5. ② 6. ① 7. ② 8. ①

몇 시인가요

何時ですか

4과

본문

きゃく : チェックイン おねがいします。

GS　：　はい。パスポートとチケット おねがいします。

きゃく : はい、どうぞ。

GS　：　少々 お待ちください。

<잠시 후>

GS　：　9(く)時30(さんじゅっ)分発 チェジュ行きでございますね。

きゃく : そうです。

GS　：　おひとりさま でしょうか。

きゃく : はい、一人です。

GS　：　お荷物は ございますか。

きゃく : いいえ、ないです。

GS　：　お客様、おまたせいたしました。
　　　　　ボーディング時間は 8(はち)時 45(よんじゅうご)分です。

きゃく : はい、どうも。

본문 단어

チェックイン	체크인
少々(しょうしょう)	잠시만, 잠깐
おまちください	기다려주세요
~時(じ)	~시
なんじですか	몇 시인가요?
9(く)時(じ) 30(さんじゅっ)分(ぷん)	9시 30분
8(はち)時(じ) 45分(よんじゅうごふん)	8시 45분
~発(はつ)	~발(출발)
チェジュ	제주
~行(ゆ)き	~행
～でございます	~입니다(です의 정중어)
ございます	있습니다(あります의 정중어)
そうです	그렇습니다
一人(ひとり)	한 사람, 1인
おひとりさま	한 분
~でしょうか	~입니까?
ないです	없습니다
お客(きゃく)様(さま)	손님
ボーディング	보딩(boarding), 탑승
時間(じかん)	시간
どうも	감사합니다 (どうも ありがとうございます)

문법

1. [조수사] ~人(にん) なんにんですか

한 명	두 명	세 명	네 명	다섯 명
ひとり	ふたり	さん にん	よ にん	ご にん
여섯 명	일곱 명	여덟 명	아홉 명	열 명
ろく にん	しち にん	はち にん	きゅう にん	じゅう にん

2. [~시] ~時(じ) なんじですか

1시	2시	3시	4시	5시	6시
いち 時	に 時	さん 時	よ 時	ご 時	ろく 時
7시	8시	9시	10시	11시	12시
しち 時	はち 時	く 時	じゅう 時	じゅう いち 時	じゅう に 時

3. [~분] ~分(ふん)   なんぷんですか

1분	2분	3분	4분	5분	6분
いっ 分(ぷん)	に 分(ふん)	さん 分(ぷん)	よん 分(ぷん)	ご 分(ふん)	ろっ 分(ぷん)
7분	8분	9분	10분	11분	12분
なな 分(ふん)	はっ 分(ぷん)	きゅう 分(ふん)	じゅっ 分(ぷん)	じゅういっ 分(ぷん)	じゅうに 分(ふん)

※ 1분, 3분, 4분, 6분, 8분, 10분 : 분을 ぷん(뿐)으로 발음한다.

※ 2분, 5분, 7분, 9분 : 분을 ふん(훈)으로 발음한다.

※ 또는 숫자에 っ나 ん으로 끝나면 분을 ぷん(뿐)으로 발음한다.

4. 큰 수

큰 숫자(10~100)

10	20	30	40	50
じゅう	にじゅう	さんじゅう	よんじゅう	ごじゅう
60	70	80	90	100
ろくじゅう	ななじゅう	はちじゅう	きゅうじゅう	ひゃく

(100~1,000)

100	200	300	400	500
ひゃく	にひゃく	さんびゃく	よんひゃく	ごひゃく
600	700	800	900	1,000
ろっぴゃく	ななひゃく	はっぴゃく	きゅうひゃく	せん

(1,000~10,000)

1,000	2,000	3,000	4,000	5,000
せん	にせん	さんぜん	よんせん	ごせん
6,000	7,000	8,000	9,000	10,000
ろくせん	ななせん	はっせん	きゅうせん	いちまん

5. 일본어의 보통체와 정중체

 보통체 회화

예) ごはん たべた?　　　밥 먹었니?

うん、たべたよ。/ううん、まだ たべてない。
응, 먹었어. /　아니, 아직 안 먹었어.

 정중체 회화

예) ごはん たべましたか。 / ごはん めしあがりましたか。
　　식사 하셨나요? / 진지 드셨나요?

　　はい、たべました。 / いいえ、まだ たべてないです。
　　네, 먹었어요. / 아니요, 아직 안 먹었어요.

 대표적인 동사의 보통체와 정중체

	보통체	정중체
입니다	です	でございます
있습니다	あります	ございます
없습니다	ありません	ございません
있습니다/ 계십니다	います	いらっしゃいます
없습니다/ 안 계십니다	いません	いらっしゃいません
어떻습니까	どうですか	いかがですか

응용 회화

A1 : すみません、今 ^{いま} 何時 ^{なんじ}ですか。

B1 : えー、いま ちょうど 10(じゅう)時 ^じです。

A1 : あ、ありがとうございます。

A2 : すみません、今 ^{いま} 何時 ^{なんじ}ですか。

B2 : いま ほぼ 12(じゅうに)時 ^じです。

A2 : はい、どうも。

A3 : すみませんが、今 何時ですか。

B3 : 9(く)時 10(じゅっ)分 ^{ぷん}前 ^{まえ}です。

A3 : はい、どうも。

해석

A : 실례합니다. 지금 몇 시입니까?
B : 음, 지금 딱 10시예요.
A : 아, 감사합니다.

A : 실례합니다. 지금 몇 시입니까?
B : 지금 거의 12시입니다.
A : 네, 감사합니다.

A : 실례합니다만, 지금 몇 시입니까?
B : 9시 10분 전입니다.
A : 네, 감사합니다.

 대표적인 부사 1

ちょうど	꼭, 딱, 정확히	また	또
ほぼ	거의	まだ	아직
もうすぐ	이제 곧	もう	이미, 벌써
とても	매우	あまり	그다지, 별로

 お/ご + 명사

「お/ご」를 명사 앞에 붙이면 공손한, 존경하는, 친밀한, 부드러운, 세련된 느낌을 준다.

⊙ 일반적인 일본 고유어 :「お」를 붙인다.
    *お部屋 객실   *お名前 이름   *お客様 손님

⊙ 일반적인 한자어 :「ご」를 붙인다.
    *ご案内 안내   *ご利用 이용   *ご搭乗 탑승

⊙ 한자어에「お」를 붙이는 예외도 있다.
    *お食事 식사   *お料理 요리   *お時間 시간

⊙「お」를 붙여야 그 뜻이 되는 경우도 있다.
    *お腹 배(신체 부위)   *お金 돈   *おしぼり 물수건

 동사

일본어의 동사의 기본형은 「う단」으로 끝난다.(う, く, ぐ, す, つ, ぬ, ぶ, む, る)
동사는 활용의 종류에 따라 3그룹으로 나뉜다.

동사의 종류		형태	예(기본형)	
규칙 동사	1그룹	어미가 「う단」으로 끝나는 경우	買う	사다
			行く	가다
			泳ぐ	헤엄치다
			話す	이야기하다
			待つ	기다리다
			死ぬ	죽다
			呼ぶ	부르다
			飲む	마시다
		어미가 「る」로 끝나고, 「る」 앞이 「あ단」, 「う단」, 「お단」인 경우 ※ 예외인 경우도 있음 (형태상 2그룹, 활용은 1그룹)	ある	있다
			分かる	알다
			作る	만들다
			乗る	타다
			降る	내리다
			帰る(예외)	돌아가다
			入る(예외)	들어가다
	2그룹	어미가 「る」로 반드시 끝나고, 「る」 앞이 「い단」이나 「え단」인 경우	見る	보다
			起きる	일어나다
			食べる	먹다
			寝る	자다
불규칙 동사	3그룹	불규칙적으로 활용된 경우	来る	오다
			する	하다

 대표적인 동사 1(1그룹)

買う	사다	飲む	마시다
行く	가다	ある	있다
泳ぐ	헤엄치다	分かる	알다
話す	이야기하다	作る	만들다
待つ	기다리다	乗る	타다
死ぬ	죽다	降る	내리다(비)
呼ぶ	부르다	帰る	돌아가다, 돌아오다

 대표적인 동사 2(2그룹&3그룹)

見る	보다	来る	오다
起きる	일어나다	する	하다
食べる	먹다		
寝る	자다		

4과
몇 시인가요

4과 주요 단어 쓰기 연습

① 少々(しょうしょう)　　잠시만, 잠깐

しょうしょう		

② ~発(はつ)　　　　~발(출발)

はつ		

③ 行(ゆ)き　　　　~행

ゆき		

④ 一人(ひとり)　　한 사람, 1인

ひとり		

⑤ 荷物(にもつ)　　짐

にもつ		

⑥ 時間(じ　かん)　　　　시간

じ　かん		

⑦ お客様(きゃく　さま)　　　손님

おきゃくさま		

⑧ チェックイン　　　　체크인

チェックイン		

⑨ チェジュ　　　　제주

チェジュ		

⑩ ボーディング　　　　보딩, 탑승

ボーディング		

▶ 연습문제

1. 시간을 연습해보세요.

   1) 1시 1분 _____

   2) 2시 2분 _____

   3) 3시 10분 _____

   4) 4시 15분 _____

   5) 5시 24분 _____

   6) 6시 6분 _____

   7) 7시 37분 _____

   8) 8시 44분 _____

   9) 9시 50분 _____

   10) 11시 58분 _____

2. 부사의 뜻을 써보세요.

1) ほぼ _____

2) また _____

3) まだ _____

4) もう _____

5) もうすぐ _____

6) ちょうど _____

3. 「お」나 「ご」를 다음 단어 앞에 붙여보세요.

1) _____ 名前
　　　　　　　　（なまえ）

2) _____ 案内
　　　　　　　　（あんない）

3) _____ 部屋
　　　　　　　　（へや）

4) _____ 利用
　　　　　　　　（りよう）

5) _____ 食事
　　　　　　　　（しょくじ）

6) _____ 金
　　　　　　　　（かね）

4. 정중체 빈칸을 채워보세요.

	보통체	정중체
입니다	です	
있습니다	あります	
없습니다	ありません	
있습니다/계십니다	います	
없습니다/안 계십니다	いません	
어떻습니까	どうですか	

5. 조수사 빈칸에 써보세요.

한 명	두 명	세 명	네 명	다섯 명
		にん	にん	にん
여섯 명	일곱 명	여덟 명	아홉 명	열 명
にん	にん	にん	にん	にん

6. 빈칸을 채워보세요.

기본형	그룹	뜻
来^くる		
行^いく		
泳^{およ}ぐ		
話^{はな}す		
待^まつ		
見^みる		
呼^よぶ		
飲^のむ		
ある		
帰^{かえ}る		
作^{つく}る		
乗^のる		
降^ふる		
食^たべる		
入^{はい}る		
死^しぬ		
起^おきる		
する		
寝^ねる		
買^かう		
分^わかる		

4과 본문과 해석을 한 번 쓰세요.

もんだい2 ＿＿＿＿の ことばは どう かきますか。1・2・3・4
から いちばん いい ものを ひとつ えらんで ください。

例(れい) あの みせの りんごは やすい。

① 高い　② 安い　③ 愛い　④ 重い

れい	① ❷ ③ ④

1. **みみ**が いたいです。

① 耳　　　② 目　　　③ 頭　　　④ 足

2. ちゃんと **きいて** ください。

① 間いて　　② 聞いて　　③ 門いて　　④ 開いて

3. ここに **なまえを** かいて ください。

① 前名　　② 尊名　　③ 名字　　④ 名前

4. きょう、せんせいを　あいます。

① 合います　　② 会います　　③ 今います　　④ 食います

5. みぎがわに　いって　ください。

① 前　　　　② 後　　　　③ 左　　　　④ 右

답　1. ①　2. ②　3. ④　4. ②　5. ④

 자주 출제되는 가타카나 3(N5~N4 : ナ행~ハ행)

ナイフ	나이프	ビル	빌딩, 건물(たてもの)
ニュース	뉴스	ビール	맥주
ヌードル	국수, 누들	ビジネス	비즈니스
ハンバーガー	햄버거	プール	수영장, 풀
パーティー	파티	プレゼント	선물
パートタイム	파트타임	フォーク	포크
パスポート	여권, 패스포트	ページ	페이지
パソコン	컴퓨터 (personal computer)	ペット	애완동물
パン	빵	ベッド	침대
バーゲン	바겐세일	ホテル	호텔
バス	버스	ポケット	주머니, 포켓
		ボタン	버튼

▶ **확인 체크**

다음 알맞은 가타카나를 고르세요.

1. 햄버거   ① ハンバガー   ② ハンバーガー

2. 파티   ① パーティー   ② パーティ

3. 컴퓨터(PC)   ① パソユン   ② パーソユン

4. 빌딩   ① ビル   ② ビール

5. 비즈니스   ① ビジニス   ② ビジネス

6. 침대   ① ペット   ② ベッド

7. 호텔   ① ホテル   ② ホーテル

8. 버튼   ① ボタン   ② ボトン

답 1. ②   2. ①   3. ①   4. ①   5. ②   6. ②   7. ①   8. ①

항공 승무원을 위한
항공 서비스 일본어 회화

몇 박인가요

<ruby>何泊<rt>なんぱく</rt></ruby>ですか (호텔 객실 예약)

항공 승무원을 위한 **항공서비스 일본어 회화**

5과

본문

予約かかり：はい。ユリアホテル　予約かかりでございます。

きゃく：　　もしもし、部屋を　予約したいんですが。

予約かかり：はい。お先に、　お名前、　おねがいします。

きゃく：　　よしむら　ひろとです。

予約かかり：よしむらさま。いつから　いつまで　でしょうか。

きゃく：　　うん〜　7(しち)月4日から　7日まで　です。

予約かかり：3泊(さんぱく)でございますね。

きゃく：　　はい、そうです。

予約かかり：そして、お一人様でしょうか。

きゃく：　　はい。

予約かかり：かしこまりました。少々　お待ちください。

＜잠시 후＞

予約かかり：おまたせいたしました。7(しち)月　4日から　7日まで、4日間

　　　　　　　デラックスルーム　予約しております。

きゃく：　　はい、ありがとうございます。

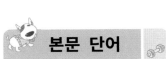

予約(よやく)	예약
予約かかり	예약 담당
ユリア	코리아
ホテル	호텔
もしもし	여보세요(전화상)
部屋(へや)	방, 객실
~したいんですが	~하고 싶습니다만
おさきに	[부사]먼저, 우선
お名前(なまえ)	성함, 이름
うん~	음~
7月(しちがつ)	7월
4日(よっか)	4일
7日(なのか)	7일
~から　~まで	~부터 ~까지
いつから	언제부터
いつまで	언제까지
~泊(はく)	~박
3泊(さんぱく)	3박
なんぱくですか	몇 박인가요
~ね	~네요, ~군요, ~지요
かしこまりました	알겠습니다
4日間(よっかかん)	4일간
デラックスルーム	디럭스룸
~しております	~되어 있습니다

문법

1. です(입니다)의 과거형 = でした   ~이었습니다
    ですか(입니까)의 과거형 = でしたか   ~이었습니까

2. 何月(なんがつ)/월   なん がつ ですか

1월	2월	3월	4월	5월	6월
いち月	に月	さん月	し月	ご月	ろく月
7월	8월	9월	10월	11월	12월
しち月	はち月	く月	じゅう月	じゅういち月	じゅうに月

▶ 빈칸에 써보세요.

A : なんがつ ですか

1월	2월	3월	4월	5월	6월
月	月	月	月	月	月
7월	8월	9월	10월	11월	12월
月	月	月	月	月	月

3. 何日(なんにち)/일   なんにち ですか

	1일	2일	3일	4일	5일	6일
	ついたち	ふつか	みっか	よっか	いつか	むいか
7일	**8일**	**9일**	**10일**	**11일**	**12일**	**13일**
なのか	ようか	ここのか	とおか	じゅういち日	じゅうに日	じゅうさん日
14일	**15일**	**16일**	**17일**	**18일**	**19일**	**20일**
じゅうよっか	じゅうご日	じゅうろく日	じゅうしち日	じゅうはち日	じゅうく日	はつか
21일	**22일**	**23일**	**24일**	**25일**	**26일**	**27일**
にじゅういち日	にじゅうに日	にじゅうさん日	にじゅうよっか	にじゅうご日	にじゅうろく日	にじゅうしち日
28일	**29일**	**30일**	**31일**			
にじゅうはち日	にじゅうく日	さんじゅう日	さんじゅういち日			

4. 曜日(ようび)/요일   なんようび ですか

월요일 月曜日	화요일 火曜日	수요일 水曜日	목요일 木曜日	금요일 金曜日	토요일 土曜日	일요일 日曜日
げつようび	かようび	すいようび	もくようび	きんようび	どようび	にちようび

▶ 빈칸에 써보세요.

A : なん ようび ですか

월요일	화요일	수요일	목요일
금요일	토요일	일요일	

5. 때를 나타내는 표현

그제	어제	오늘	내일	모레
一昨日	昨日	今日	明日	明後日
おととい	きのう	きょう	あした	あさって

▶ 빈칸에 써보세요.

그제	어제	오늘	내일	모레
一昨日	昨日	今日	明日	明後日

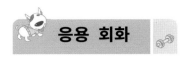 **응용 회화**

A1 : もしもし、ダブルルーム 一つ 予約したいんですが。

B1 : はい、いつから いつまで でしょうか。

A1 : 5(ご)月 とおか から 12(じゅうに)日まで です。

A2 : いらっしゃいませ。 なんぱくでございますか。

B2 : 月曜日から 水曜日まで、2(に)泊ですね。

A2 : はい、かしこまりました。

A3 : 今日は なんようびですか。

B3 : 木曜日ですね。

A4 : 昨日は なんようびでしたか。

B4 : 土曜日でした。

해석

A : 여보세요. 더블룸 한 개 예약하고 싶은데요.
B : 네, 언제부터 언제까지인가요?
A : 5월 10일부터 12일까지입니다.

A : 어서오세요. 몇 박이신가요?
B : 월요일부터 수요일까지이니, 2박이네요.
A : 네, 알겠습니다.

A : 오늘은 무슨 요일입니까?

B : 목요일이네요.

A : 어제는 무슨 요일이었습니까?

B : 토요일이었습니다.

 5과 주요 단어 쓰기 연습

① 予約(よ や く)　　　예약

よやく		

② 部屋(へ や)　　　방, 객실

へや		

③ お名前(な まえ)　　　성함, 이름

なまえ		

④ 3泊(さん ぱく)　　　3박

さんぱく		

⑤ 4日間(よっか かん)　　　4일간

よっかかん		

⑥ いつから いつまで   언제부터 언제까지

いつから いつまで		

⑦ ~でした   ~이었습니다

でした		

⑧ ホテル   호텔

ホテル		

⑨ ダブルルーム   더블룸

ダブルルーム		

⑩ デラックスルーム   디럭스룸

ラックスルーム		

1. 요일을 연습해보세요.

　　1) 화요일 _____

　　2) 토요일 _____

　　3) 목요일 _____

　　4) 일요일 _____

　　5) 수요일 _____

　　6) 금요일 _____

　　7) 월요일 _____

2. 한자를 보고 후리가나와 뜻을 써보세요.

　　1) 昨日 _____ / _____

　　2) 明日 _____ / _____

　　3) 今日 _____ / _____

3. 일어로 써보세요.

1) 오늘은 6월 6일입니다.

_____

2) 내일은 수요일입니다.

_____

3) 어제는 월요일이었습니다.

_____

4. 빈칸에 써보세요.

<なんにち ですか>

1일	2일	3일	4일	5일	6일

7일	8일	9일	10일	11일	12일
				にち 日	にち 日

N5 문자·어휘(문맥 규정)

もんだい3(　　)に　なにを　いれますか。1・2・3・4から　いちばん　いい　ものを　ひとつ　えらんで　ください。

例(れい)　まいにち　にほんごで　にっきを　(　　　)。

① かきます　② かいます　③ おきます　④ やります

れい	❶　②　③　④

1. こんしゅう、(　　)かばんを　かいます。

① こわい　　② おいしい　　③ あたらしい　④ いそがしい

2. いつも、12じに　ねて　7じに　(　　)。

① いきます　② おきます　③ ねます　④ します

3. えいごのほん　20(　　)を　あいて　ください。

① ページ　　② キロ　　③ センチ　　④ グラム

4. あついから （　　） のみものが　のみたいね。

　　① ながい　　　② みじかい　　　③ おもしろい　　④ つめたい

5. あそこで　バスに　（　　）。

　　① はいります　　② のります　　　③ あがります　　④ すわります

답　1. ③　2. ②　3. ①　4. ④　5. ②

N5 문자・어휘(유의표현)

もんだい4 ＿＿＿＿ の ぶんと だいたい おなじ いみの ぶんが あり ます。1・2・3・4から いちばん いい ものを ひとつ えらんで ください。

例(れい) ことしの なつは あまり あつく ありません。

① ことしの なつは とても さむいです。
② ことしの なつは すこし さむいです。
③ ことしの なつは とても あついです。
④ ことしの なつは すこし あついです。

れい	① ② ③ ❹

---

1. ここは びょういんです。

① ここでは ゆうびんを だせます。
② ここでは パーマが できます。
③ ここでは びょうきを なおせます。
④ ここでは しゃしんを とります。

2. すずきさんは りゅうがくせいです。

① すずきさんは かんこくじんです。
② すずきさんは がいこくから きました。
③ すずきさんは せんせいです。
④ すずきさんは りょこうを しに きました。

3. ゆうべ テレビを みました。

① きのうの よる テレビを みました。
② おとといの よる テレビを みました。
③ きのうの あさ テレビを みました。
④ おとといの あさ テレビを みました。

답 1. ③ 2. ② 3. ①

 간단한 회화 1

[大学で　대학교에서]

ミホ：令子ちゃん、今日は　なんの　クラスが　あるの。

令子：今日が　火曜日だよね。

ミホ：そうだよ。

令子：すると、日本語と　英語の　授業が　あるよ。

ミホ：わたしも　日本語が　あるから　一緒に　行こう。

令子：あっ、もう　時間だよ。早く～

해석

미호 : 레이코~ 오늘은 무슨 수업이 있니?

레이코 : 오늘이 화요일이지?

미호 : 맞아.

레이코 : 그러면, 일본어와 영어 수업이 있어.

미호 : 나도 일본어가 있으니 같이 가자.

레이코 : 앗, 벌써 시간이 다됐어. 서두르자~

▶ **자주 출제되는 가타카나 4(N5~N4 : マ행~ワ행)**

マスコミ	언론, 매스컴	レストラン	레스토랑
マナー	매너	レポート	리포트
ラジオ	라디오		

▶ 확인 체크

다음 알맞은 가타카나를 고르세요.

1. 매스컴   ① メスユミ   ② マスユミ
2. 라디오   ① ラジオ   ② ラヂオ
3. 매너   ① マナー   ② マーナ
4. 리포트   ① レポート   ② レーポート

대표적인 접속사

では(じゃ)	그러면, 그럼	でも	그러나, 하지만
それでは	그렇다면	しかし	그러나, 하지만
そして	그리고	だから	그래서
それに	게다가	さらに	더욱더
それで	그래서	ところで	그건 그렇고
それから	그리고 나서, 그리고	ですから	그렇기 때문에, 그러니까

답 1. ②   2. ①   3. ①   4. ①

커피 주세요

コーヒーください(기내에서)

항공 승무원을 위한 **항공서비스 일본어 회화**

6과

 **본문**

乗務員　：　みなさま。

いまから　お飲み物サビースが　はじまります。

お座席を　元の位置に　お戻しください。

きゃく　：　スチュワーデスさん。すみませんが、成田　空港まで　どれくらい
かかりますか。

乗務員　：　2(に)時間　ぐらいです。

きゃく　：　あ、そうですか。どうも。

乗務員　：　お客様、お飲み物は　いかがですか。

きゃく　：　何が　ありますか。

乗務員　：　ユーヒーと紅茶、あとは　ジュースがございますが、どちらに　し
ますか。

きゃく　：　うん~　ユーヒーください。

乗務員　：　はい、かしこまりました。熱いですので、お気を　つけてください。

きゃく　：　あっ、それと、お砂糖も　ください。

乗務員　：　はい、どうぞ。

본문 단어

乗務員(じょうむいん)	승무원
スチュワーデス	승무원(stewardess)
みなさま	여러분
いまから	지금부터
お飲(の)み物(もの)	음료
はじまります	시작됩니다
元(もと)の位置(いち)	원위치
お戻(もど)しください	되돌려주세요
どれくらい	어느 정도, 얼마나
かかりますか	걸립니까?
~ぐらい	~정도
あ	아(あっ 앗)
そうですか	그래요?
それと	그리고
いかがですか	어떠십니까?
何(なに)が	무엇이
ユーヒー	커피
紅茶(こうちゃ)	홍차
あとは	또는, 그게 아니면(あるいは)
ございますが	있습니다만
どちらに しますか	어느 것으로 하시겠습니까?
~ください	~주세요
熱(あつ)いです	뜨겁다
~ので	이므로, 이니, 때문에
お気(き)を つけてください	조심하세요
お砂糖(さとう)	설탕

문법

1. ~ください   ~주세요, 주십시오

  1) くれ의 존경어 : 상대에게 물건이나 무언가를 요구할 때와 주문할
     때 사용한다.
     예) コーヒー ください。   커피 주세요.

  2) 보조동사 : 동사의 연용형으로, 해주세요, 해주십시오

     예) おすわりください。   앉아주세요.
        なまえを かいてください   이름을 써주세요.

2. ~は いかがですか   ~는 어떠십니까?

     예) お客様、お飲み物は いかがですか。

                                        손님, 음료는 어떠십니까?

        お食事は いかがですか。

                                        식사는 어떠십니까?

3. どちらに しますか   어느 것으로 하시겠습니까?

     예) コーヒーと 紅茶、どちらに しますか。

                                        커피와 홍차, 어느 것으로 하시
                                        겠습니까?

チキンと ビーフが ございますが、どちらに しますか。

닭고기와 소고기가 있습니다만,
어느 것으로 하시겠습니까?

4. ~ので   ~이므로, 이니, 이기 때문에

접속조사이며, 앞일이 이유, 원인이 되어 뒷일이 발생할 때 사용한다.

예) 熱いですので、お気を つけてください   뜨거우니, 조심하세요.

冷たいですので、ご注意ください。   차가우니, 주의하세요.

熱が あったので、病院に 行きました。   열이 나서 병원에 갔습니다.

 대표적인 조사 2

~も	~도	~とき	~할 때
~や	~랑	~だけ	~만, ~뿐
~ごろ	~무렵, ~쯤	~ので	~이므로, ~이기 때문에
~くらい/ぐらい	~정도, ~쯤	~より	~보다

▶ **감탄사**

자,

さあ   예) さあ、行きましょう。   자, 갑시다.

さて   예) さて、そろそろ 行こうか。   자, 슬슬 가볼까.

まあ   예) まあ、とにかく 行きましょうか。 자, 어쨌든 가볼까요?

 대표적인 부사 2

すぐ	곧, 바로	ぜんぜん	전혀
そろそろ	슬슬	いつか	언젠가
なんでも	뭐든지	いつも	언제나
なにも	별로, 특별히	とくに	특히
やっと	겨우	こんな	이런
とにかく	어쨌든	どういう	어떠한

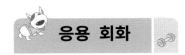

A1 : お客様、お飲み物は いかがですか。

B1 : はい、なにが ありますか。

A1 : ユーヒーと 緑茶が ございますが。

B1 : それじゃ、 緑茶 ください。

A2 : お客様、お飲み物は なにに なさいますか。

B2 : ウーロン茶 ください。

A2 : はい、かしこまりました。

A3 : ビーフと ポークが ございますが、どちらに なさいますか。

B3 : じゃ、ビーフ おねがいします。

A3 : 熱いですので、お気を つけてください。

B4 : すみませんが、ホンコンまで どれくらい かかりますか。

A4 : 3(さん)時間 45(よんじゅうご)分(ふん) ぐらいです。

B4 : はい、わかりました。

해석

A : 손님, 음료는 어떠십니까?
B : 네, 무엇이 있습니까?
A : 커피와 녹차가 있습니다만.
B : 그러면, 녹차 주세요.

A : 손님, 음료는 무엇으로 하시겠습니까?
B : 우롱차 주세요.
A : 네, 알겠습니다.

A : 비프와 포크가 있습니다만, 어느 것으로 하시겠습니까?
B : 자, 비프 부탁합니다.
A : 뜨거우니 조심하세요.

B : 실례합니다만, 홍콩까지 어느 정도 걸립니까?
A : 3시간 45분 정도 걸립니다.
B : 네, 알겠습니다.

 6과 주요 단어 쓰기 연습

① お飲(の)み物(もの)　　음료

おのみもの		

② 乗務員(じょう む いん) 승무원

じょうむいん		

③ 元(もと)の 位置(いち)　　원위치

もとの いち		

④ 空港(くう こう)　　공항

くうこう		

⑤ 紅茶(こう ちゃ)　　홍차

こうちゃ		

⑥ お砂糖(さとう)　　　　設탕

おさとう		

⑦ 熱(あつ)い　　　　뜨겁다

あつい		

⑧ ユーヒー　　　　커피

ユーヒー		

⑨ スチュワーデス　　　　승무원, 스튜어디스(stewardess)

スチュワーデス		

⑩ キャビン・クルー　　　　승무원(cabin crew)

キャビン・クルー		

▶ おのみもの　ドリンク　음료 종류

ユーヒー	커피	ブレンドユーヒー	블렌드 커피	アイスユーヒー	아이스 커피
カフェラテ	카페라떼	アイスカフェオレ	아이스 카페 오레	アイスウーロン 茶^{ちゃ}	아이스 우롱차
紅茶^{こうちゃ}	홍차	ロイヤルミルクティ	로열 밀크티	ペプシューラ	펩시 콜라
パフェ	파르페	ソフトクリーム	소프트 크림	生^{なま}ビール	생맥주
ジュース	주스				

▶ たべもの　음식 종류

寿司 すし	초밥	たこ焼き たこやき	타코야키 (문어)	ラーメン	라면
刺身 さしみ	회	お好み焼き おこのみやき	오코노미 야키	うどん	우동
豚カツ とんかつ	돈가스	丼 どんぶり	돈부리 (덮밥)	カレー	카레
好き焼き すきやき	스키야키	ご飯 ごはん	밥	オムライス	오므 라이스
しゃぶしゃ ぶ	샤부샤부	鍋 なべ	냄비요리	ハンバーグ ステーキ	햄버그 스테 이크

▶ **연습문제**

1. 가타카나로 써보세요.

1) 커피

_____

2) 아이스 커피

_____

3) 카페라떼

_____

4) 펩시콜라

_____

5) 주스

_____

6) 밀크티

_____

7) 아이스 우롱차

_____

8) 맥주

_____

9) 소프트 크림

_____

10) 파르페

_____

2. 일어로 써보세요.

1) 콜라 주세요.

_____

2) 공항까지 얼마나 걸립니까?

_____

3) 1시간 정도 걸립니다.

_____

4) 아, 그래요? 감사합니다.

_____

5) 무엇이 있습니까?

_____

6) 음료는 어떠십니까?

_____

7) 그리고, 설탕도 주세요.

_____

8) 어느 것으로 하시겠습니까?

_____

9) 뜨거우니 조심하세요.

_____

3. 빈칸에 써보세요.

すぐ		ぜんぜん	
そろそろ		いつか	
なんでも		いつも	
なにも		とくに	
やっと		こんな	
とにかく		どういう	

4. 빈칸에 써보세요.

～も		～とき	
～や		～だけ	
～ごろ		～ので	
～くらい/ぐらい		～より	

▶ **6과 본문과 해석을 한 번 쓰세요.**

N5

言語知識　(文法)・読解
<ruby>言<rt>げん</rt></ruby><ruby>語<rt>ご</rt></ruby><ruby>知<rt>ち</rt></ruby><ruby>識<rt>しき</rt></ruby>　(<ruby>文法<rt>ぶんぽう</rt></ruby>)・<ruby>読解<rt>どっかい</rt></ruby>

50分(ぷん)

注意(ちゅうい)

Notes

1. <ruby>試験<rt>しけん</rt></ruby>が　<ruby>始<rt>はじ</rt></ruby>まるまで、この　<ruby>問題<rt>もんだい</rt></ruby><ruby>用紙<rt>ようし</rt></ruby>を　あけないで　ください。

   Do not open this question booklet until the test begins.

2. この　<ruby>問題<rt>もんだい</rt></ruby><ruby>用紙<rt>ようし</rt></ruby>を　<ruby>持<rt>も</rt></ruby>って　かえる　ことは　できません。

   Do not take this question booklet with you after the test.

3. <ruby>受験番号<rt>じゅけんばんごう</rt></ruby>と　なまえを　したの　<ruby>欄<rt>らん</rt></ruby>に、<ruby>受験票<rt>じゅけんひょう</rt></ruby>と　おなじ　ように　かいて　ください。

   Write your examinee registration number and name clearly in each box below as written on your test voucher.

4. この　<ruby>問題<rt>もんだい</rt></ruby><ruby>用紙<rt>ようし</rt></ruby>は　<ruby>全部<rt>ぜんぶ</rt></ruby>で　8ページ　あります。

   This question booklet has 8 pages.

5. <ruby>問題<rt>もんだい</rt></ruby>には　<ruby>解答番号<rt>かいとうばんごう</rt></ruby>の　1，2，3...が　あります。<ruby>解答<rt>かいとう</rt></ruby>は、<ruby>解答<rt>かいとう</rt></ruby><ruby>用紙<rt>ようし</rt></ruby>に　ある　おなじ　<ruby>番号<rt>ばんごう</rt></ruby>の　ところに　マークして　ください。

   One of the row numbers 1, 2, 3... is given for each question. Mark your answer in the same row of the answer sheet.

受験番号(Examinee Registration Number) <ruby>受験番号<rt>じゅけんばんごう</rt></ruby>	
なまえ(Name)	

N5 문법・독해

もんだい1(　　)に　何を　入れますか。1・2・3・4から　いちばん　い

い　ものを　一つ　えらんで　ください。

例(れい)　あの　人　(　　　)　アメリカ人です。

① に　　② や　　③ は　　④ を

れい	① ② ❸ ④

---

1. ビーフと　チキン　(　　)　あります。

　　① で　　　　② が　　　　③ は　　　　④ に

2. A：「キムさん、ちこく　じゃないですか。」
　　B：「ええ、おそくなって、タクシー　(　　)　いきます。」

　　① が　　　　② は　　　　③ を　　　　④ で

3. じゅぎょうは　何時　(　　)　おわりますか。

　　① か　　　　② から　　　　③ ごろ　　　　④ は

4. A : 「どの　Ｔシャツが　ほしいですか。」
　　　しろ
　　B : 「あの　白い　（　　）　です。」

　　　① の　　　　　　② よ　　　　　　③ で　　　　　④ に

5. この　レストランは　とても　おいしく　（　　）　人気が　あります。
　　　　　　　　　　　　　　　　　　　　　　　　にんき

　　　① と　　　　　　② が　　　　　　③ で　　　　　④ て

6. A : 「食事は　会議してから、しますか。」
　　　しょくじ　かいぎ
　　B : 「いいえ、　会議の　（　　）　食べましょう。」
　　　　　　　　　　かいぎ　　　　　た

　　　① ほど　　　　② あとで　　　③ まえに　　　④ ごろ

답 1. ②　2. ④　3. ③　4. ①　5. ④　6. ③

 간단한 회화 2

[カフェで　카페에서]

店員：いらっしゃいませ。

ミホ：あっ、令子ちゃん、こっちこっち。

令子：ミホちゃん、お久しぶりね。プサンの旅行は　どうだった。

ミホ：天気が　はれて、よかったよ。

令子：そ～う。なんか　飲む。

ミホ：え～と。ユーヒーに　するわ。

令子：すみません。ユーヒー　と　カフェ・ラテ　ください。

店員：はい、わかりました。

해석

점원 : 어서 오세요.

미호 : 앗, 레이코~ 여기 여기야.

레이코 : 미호, 오랜만이네. 부산 여행은 어땠어?

미호 : 날씨가 좋아서 좋았어.

레이코 : 그랬구나~ 뭐 마실래?

미호 : 음~ 커피할래~

레이코 : 여기요~ 커피와 카페라떼 주세요.

점원 : 네, 알겠습니다.

항공 승무원을 위한
항공 서비스 일본어 회화

안내방송/기내방송

あんないほうそう　　きない ほうそう
案内放送/機内放送

항공 승무원을 위한 **항공서비스 일본어 회화**

7과

[お呼び出し 승객 호출 안내]

GS: BS航空より お客様に お呼び出しを いたします。

BS항공에서 손님을 찾습니다.

BS航空 707便で、大阪へ ご出発の 高橋いちろ様、1番 搭乗口

より ご搭乗くださいませ。

BS항공 707편으로 오사카로 출발하시는 다카하시 이치로 님은 서둘러
1번 탑승구로 탑승하여 주시길 바랍니다.

ありがとうございます。

감사합니다.

[탑승 후 안내방송]

皆様、おはようございます。

손님 여러분, 안녕하십니까.

この飛行機は 2201便 東京行きでございます。

이 비행기는 동경까지 가는 2201편입니다.

皆様の安全のため お荷物は上の棚、または、お座席の下に お置

き下さい。

여러분의 안전을 위해 짐은 선반 위나 좌석 밑에 놔주시기 바랍니다.

[TAKE-OFF]

皆様、

손님 여러분,

この飛行機は まもなく 離陸いたします。

저희 비행기는 곧 이륙하겠습니다.

もう一度、シートベルトを 確認してくださいませ。

좌석벨트를 매셨는지 다시 한번 확인해주십시오.

ありがとうございます。

감사합니다.

 7과 주요 단어 쓰기 연습

① お呼び出し(およびだし) 호출

およびだし		

② 飛行機(ひ こ う き)　비행기

ひこうき		

③ 便(びん)　　편

びん		

④ 一度(いち ど)　한 번

いちど		

⑤ 出発(しゅっ ぱつ)　출발

しゅっぱつ		

⑥ 皆様(みな さま)　　　　　여러분

みなさま		

⑦ 安全(あん ぜん)　　　　　안전

あんぜん		

⑧ 上(うえ)の 棚(たな)　　　　위 선반

うえの　たな		

⑨ 離陸(り りく)　　　　　이륙

りりく		

⑩ 確認(かく にん)　　　　　확인

かくにん		

▶ **7과 본문과 해석을 한 번 쓰세요.**

N4

げんご　ちしき(言語知識) 文字(もじ)・語彙(ごい)

30分(ぷん)

注意(ちゅうい)
Notes

1. しけんが　はじまるまで、この　もんだいようしを　あけないで　ください。
   Do not open this question booklet until the test begins.

2. この　もんだいようしを　もって　かえる　ことは　できません。
   Do not take this question booklet with you after the test.

3. じゅけん　ばんごうと　なまえを　したの　らんに、じゅけんひょうと　おなじ
   ように　かいて　ください。
   Write your examinee registration number and name clearly in each
   box below as written on your test voucher.

4. この　もんだいようしは　ぜんぶで　8ページ　あります。
   This question booklet has 8 pages.

5. もんだいには　かいとう　ばんごうの　1, 2, 3...が　あります。かいとうは、かい
   とうようしに　ある　おなじ　ばんごうの　ところに　マークして　ください。
   One of the row numbers 1, 2, 3... is given for each question. Mark
   your answer in the same row of the answer sheet.

じゅけんばんごう(Examinee Registration Number)	
なまえ(Name)	

N4 문자・어휘(한자 읽기)

もんだい1 _____ の ことばは ひらがなで どう かきますか。1・2・3・4 から いちばん いい ものを ひとつ えらんで ください。

1. それでは わたしたちは 空港で 会いましょう。

    ① こうく 　　　② こうくう 　　　③ くこう 　　　④ くうこう

2. あの 古い えいがは 音楽が すばらしいです。

    ① くるい 　　　② ふるい 　　　③ やすい 　　　④ ひろい

3. 山田さんは 8時に ホテルに 着きました。

    ① ききました 　② つきました 　③ すきました 　④ いきました

4. 先生から 有名な れきしの本を 借りました。

    ① ゆうめ 　　　② ゆめ 　　　③ ゆうめい 　　　④ ゆめい

5. 大学を そつぎょうして 社会に 出た。

    ① しゃがい 　　② かいしゃ 　　③ しゃかい 　　④ がいしゃ

답 1. ④ 2. ② 3. ② 4. ③ 5. ③

もんだい2 _____ の ことばは どう かきますか。1・2・3・4から い
ちばん いい ものを ひとつ えらんで ください。

1. だんだん さむく なって きました。

　　① 暑く　　　　② 軽く　　　　③ 重く　　　　④ 寒く

2. あきは すずしくて 食べ物も おいしいです。

　　① 冬　　　　　② 秋　　　　　③ 夏　　　　　④ 春

3. ちからの ある人は おもい にもつを 運んでください。

　　① 刀　　　　　② 万　　　　　③ 力　　　　　④ 方

4. あしたの ゆうがた なら 時間が 作れます。

　　① 夕万　　　　② 多万　　　　③ 夕方　　　　④ 多方

5. かいぎしつは とても くらいです。

　　① 悪い　　　　② 黒い　　　　③ 強い　　　　④ 暗い

答 1. ④　2. ②　3. ③　4. ③　5. ④

N4 문자・어휘(문맥규정)

もんだい3(　　)に　なにを　いれますか。1・2・3・4から　いちばん
いい　ものを　ひとつ　えらんで　ください。

1. (　　　　　　　　　　) しゅっぱつする　時間ですね。

　　① なかなか　　　② そろそろ　　　③ とうとう　　　④ だんだん

2. としょかんの(　　　　　　　　　　) の　しかたを　おしえてください。

　　① ちゅうい　　　② うけつけ　　　③ はいけん　　　④ りよう

3. 毎日の　新聞には、テレビの(　　　　　　　　　)が　のっています。

　　① よやく　　　② ばんぐみ　　　③ タイプ　　　④ スクリーン

4. ともだちが　にゅういんして　いるので、花を　もって(　　　　　　)に　行き
ました。

　　① おいわい　　　② あいさつ　　　③ おみまい　　　④ おまつり

5. いえに　かえった　ときは「(　　　　　　) 。」といって、あいさつを　しま
す。

　　① おかえりなさい　　　　　② ただいま
　　③ いってまいります　　　　④ おはようございます

답 1. ②　2. ④ 3. ②　4. ③　5. ②

🐱 N4 문자·어휘(유의표현)

もんだい4 _____ の ぶんと だいたい おなじ いみの ぶんが あります。1・2・3・4から いちばん いい ものを ひとつ えらんで ください。

1. としょかんの中で　さわがないで　ください。

① としょかんの中で　たべないで　ください。
② としょかんの中で　はしらないで　ください。
③ としょかんの中で　しずかにして　ください。
④ としょかんの中で　おおきく　おんがくを　きかないで　ください。

2. きょうしつに　まだ　だれも　いません。

① きょうしつに　ひとりも　いません。
② きょうしつに　ひとり　います。
③ きょうしつに　ひとが　たくさん　います。
④ きょうしつに　ひとが　いっぱい　います。

3. にほんごの　べんきょうを　いっしょうけんめいに　しました。

① にほんごの　べんきょうを　ぜんぜん　しなかったです。
② にほんごの　べんきょうを　すこし　しました。
③ にほんごの　べんきょうを　ほとんど　しませんでした。
④ にほんごの　べんきょうを　ねっしんに　しました。

답 1. ③　2. ①　3. ④

면접용 질의응답

面接用 質疑応答(Q&A)

めんせつよう　しつぎ　おうとう

항공 승무원을 위한 **항공서비스 일본어 회화**

8과

[Q1] 이름은 무엇입니까?

面接官（めんせつかん）：お名前（なまえ）は　なんですか。

支援者（しえんしゃ）：私（わたし）の　名前（なまえ）は(　　　　　　)です。

제 이름은 (　　　　　　)입니다.

私（わたし）は(　　　　　　)と　もうします。

저는 (　　　　　　)라고 합니다.

[Q2] 출신은 어디입니까?

面接官（めんせつかん）：出身（しゅっしん）は　どこですか。

支援者（しえんしゃ）：出身（しゅっしん）は(　ソウル　)です。 출신은 서울입니다.

ソウル 서울　　　　　　インチョン 인천　　　　　キョンギド 경기도
スウォン 수원　　　　　ブチョン 부천　　　　　プサン 부산
デジョン 대전　　　　　デグ 대구　　　　　　クァンジュ 광주
カンウォンド 강원도　　チュンチョンド 충청도　キョンサンド 경상도
チョンラド 전라도　　　ジェジュド 제주도

[Q3] 지금 어디에 살고 있습니까?

めんせつかん
面接官 : あなたは 今 どこに 住んでいますか。

しえんしゃ
支援者1 : 今(　　　　　　)に住んでいます。

　　　　지금 (　　　　　　)에 살고 있습니다.

しえんしゃ
支援者2 : 今も(　　　　　　)に住んでいます。

　　　　지금도 (　　　　　　)에 살고 있습니다.

しえんしゃ
支援者3 : 今は(　　　　　　)に住んでいます。

　　　　지금은 (　　　　　　)에 살고 있습니다.

[Q4] 몇 살입니까?

めんせつかん
面接官 : 何才ですか。

しえんしゃ
支援者 : (　二十歳　)です。　　　20살입니다.

何才 몇 살

いっさい 1살	にさい 2살	さんさい 3살	よんさい 4살	ごさい 5살
ろくさい 6살	ななさい 7살	はっさい 8살	きゅうさい 9살	じゅっさい 10살
じゅうきゅう さい 19살	はたち 20살	にじゅういっ さい 21살	にじゅうに さい 22살	にじゅうさん さい 23살
にじゅうよん さい 24살	にじゅうご さい 25살	にじゅうろく さい 26살	にじゅうなな さい 27살	さんじゅっ さい 30살

[Q5] 어느 전공을 하고 있습니까?

面接官 : どの 専攻を していますか。

支援者1 : 私は 航空サービスを 専攻しています。

저는 항공서비스를 전공하고 있습니다.

支援者2 : 私の 専攻は 航空運航です。

제 전공은 항공운항입니다.

支援者3：私は　航空経営を　専攻しています。
しえんしゃ　　わたし　こうくうけいえい　せんこう

저는 항공경영을 전공하고 있습니다.

[Q6] 가족은 몇 명입니까?

面接官：何人　家族　ですか。
めんせつかん　なんにん　かぞく

支援者：私の家族は全部で(　四人　)です。
しえんしゃ　わたし　かぞく　ぜんぶ　よにん

제 가족은 전부 4명입니다.

何　몇 명
なんにん

ひとり 1명	ふたり 2명	さんにん 3명	よにん 4명	ごにん 5명
ろくにん 6명	しちにん 7명	はちにん 8명	きゅうにん 9명	じゅうにん 10명

[Q7] 가족구성은 어떻게 됩니까?

面接官（めんせつかん）：家族（かぞく）構成（こうせい）は どうですか。

支援者（しえんしゃ）：私（わたし）の家族（かぞく）は 父（ちち）、母（はは）、兄（あに）と 私（わたし）です。

제 가족 구성은 아버지, 어머니, 오빠 그리고 저입니다.

父（ちち）は会社員（かいしゃいん）で、母（はは）は主婦（しゅふ）です。そして、兄（あに）は 今（いま）軍人（ぐんじん）です。

아버지는 회사원이시고, 어머니는 주부이십니다. 그리고 오빠는 지금 군인입니다.

家族（かぞく） 가족

祖父（そふ）	祖母（そぼ）	父（ちち）	母（はは）	兄（あに）
할아버지	할머니	아버지	어머니	형, 오빠
姉（あね）	弟（おとうと）	妹（いもうと）	息子（むすこ）	娘（むすめ）
누나, 언니	남동생	여동생	아들	딸

職（ぎょう） 직업

会社員（かいしゃいん）	主婦（しゅふ）	公務員（こうむいん）	教師（きょうし）	自営業（じえいぎょう）
회사원	주부	공무원	교사	자영업
小学生（しょうがくせい）	中学生（ちゅうがくせい）	高校生（こうこうせい）	大学生（だいがくせい）	軍人（ぐんじん）
초등학생	중학생	고등학생	대학생	군인

[Q8] 좋아하는 계절은 무엇입니까?

面接官 : 好きな 季節は 何ですか。

支援者1 : 私は はなみが 好きで、春が 一番 好きです。

　　　　저는 꽃구경을 좋아해서, 봄을 가장 좋아합니다.

支援者2 : 私は 水泳が 好きで、夏が 一番 好きです。

　　　　저는 수영을 좋아해서, 여름을 가장 좋아합니다.

季節 계절

春 봄　　夏 여름　　秋 가을　　冬 겨울

天気 날씨

暑い 덥다　　暖かい 따뜻하다　　のどかだ 화창하다　　涼しい 시원하다

寒い 춥다

[Q9] 당신이 소개하고 싶은 요리는 무엇입니까?

面接官：あなたが　紹介したい　料理は　何ですか。

支援者：キムチチゲです。김치찌개입니다.

　　　　キムチチゲは　韓国を　代表する　料理です。

 料理

キムチチゲ 김치찌개　　　　　　　テンジャンチゲ 된장찌개

ブルユギ/やきにく 불고기　　　　カルビ 갈비

ビビンバ 비빔밥　　　　　　　　チヂミ 부침개

チャプチェ 잡채　　　　　　　　冷麺 냉면

のり巻き 김밥

 味 맛

甘い 달다　　　　　　辛い 맵다　　　　　　甘辛い 달고 맵다/짜다

塩辛い 짜다　　　　　すっぱい 시다　　　　甘酸っぱい 새콤달콤하다

さっぱり 개운/깔끔하다　こうばしい 구수하다　おいしい/うまい 맛있다

まずい 맛없다

[Q10] 당신의 꿈은 무엇입니까?

面接官 : あなたの 夢は 何ですか。

支援者1 : 私の夢は 客室 乗務員に なることです。

제 꿈은 객실승무원이 되는 것입니다.

支援者2 : 空港で 働く グランドスタッフに なりたいです。

공항에서 일하는 지상 근무 직원이 되고 싶습니다.

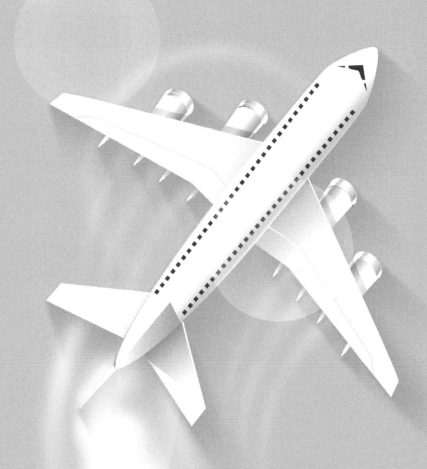

부록

付録(본문 해석 및 정답)

항공 승무원을 위한 **항공서비스 일본어 회화**

부록

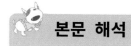

본문 해석

 2과

A1 : はじめまして。私(わたし)は ○○○です。
　　　○○で 住(す)んでいます。
　　　年(とし)は 二十歳(はたち)で、大学生(だいがくせい)です。
　　　よろしく おねがい します。

　　　처음 뵙겠습니다. 저는 ○○○입니다.
　　　○○에 살고 있습니다.
　　　나이는 20살이고, 대학생입니다.
　　　잘 부탁드립니다.

A2 : はじめまして。私(わたし)の名前(なまえ)は ○○○です。
　　　○○大学(だいがく)の 1(いち)年生(ねんせい)です。
　　　専攻(せんこう)は 航空(こうくう) サービスです。
　　　どうぞ、よろしく おねがい します。

　　　처음 뵙겠습니다. 제 이름은 ○○○입니다.
　　　○○대학교 1학년입니다.
　　　전공은 항공서비스입니다.
　　　잘 부탁드립니다.

A3 : こんにちは。
　　　私(わたくし)は ○○○と 申(もう) します。
　　　大学(だいがく)で 航空(こうくう)サービスをしています。

実家(じっか)は　○○ですけと、いまは　ソウルで　暮(くら)しています。
どうぞ、よろしく　おねがい　いたします。

안녕하세요. 저는 ○○○라고 합니다.
대학에서 항공서비스를 공부하고 있습니다.
본가는 ○○이지만, 지금은 ○○에 살고 있습니다.
잘 부탁드립니다.

3과

GS :	いらっしゃいませ。パスポートと チケットおねがいします。
지상직 직원 :	어서 오세요. 여권과 티켓 부탁드립니다(주세요).

きゃく :	はい、これです。
손님 :	네, 여기요.

GS :	どちらまで いらっしゃいますか。
	어디까지 가십니까?

きゃく :	とうきょう です。
	도쿄입니다.

GS :	おにもつは ありますか。
	짐은 있으십니까?

きゃく :	ひとつです。
	한 개요.

GS :	こちらに おにもつを おねがいします。
	여기에 짐을 부탁드립니다(올려주세요).

きゃく ： 　 はい。
　　　　　 네.

GS ： 　 おまたせいたしました。
　　　　 오래 기다리셨습니다.
　　　　 こちらが ざせき ばんごうです。
　　　　 이것이 좌석 번호입니다.
　　　　 そして、とうじょうぐちは 7(なな) ばんです。
　　　　 그리고, 탑승구는 7번입니다.

きゃく ： 　 はい、ありがとうございます。
　　　　　 네, 감사합니다.

GS ： 　 どうぞ、ごゆっくり。
　　　　 편안한 여행되세요.

 4과

きゃく ： 　 チェックイン おねがいします。
　손님 ： 　 체크인 부탁합니다(해주세요).

GS ： 　 はい。パスポートとチケット おねがいします。
지상직 직원 ： 네, 여권과 티켓 부탁드립니다.

きゃく ： 　 はい、どうぞ。
　　　　　 네, 여기요.
GS ： 　 少々(しょうしょう) おまちください。
　　　　 잠시만 기다려주세요.

<잠시 후>

GS : 9(く)時(じ)30分(さんじゅっぷん)発(はつ) チェジュ行(ゆ)きでござい ますね。
9시 30분에 출발하는 제주행이시죠?

きゃく : そうです。
그렇습니다.

GS : おひとりさま でしょうか。
한 분이신가요?

きゃく : はい、一人(ひとり)です。
네, 한 명입니다.

GS : お荷物(にもつ)は ございますか。
짐은 있으십니까?

きゃく : いいえ、ないです。
아니요, 없어요.

GS : お客(きゃく)様(さま)、おまたせいたしました。
손님, 오래 기다리셨습니다.
ボーディング時間(じかん)は 8(はち)時(じ) 45分(よんじゅうごふん)です。
보딩(탑승) 시간은 8시 45분입니다.

きゃく : はい、どうも。
네, 감사해요.

🐱 5과

予約かかり : はい。ユリアホテル 予約(よやく)かかりでございます。
예약담당 : 네. 코리아 호텔 예약담당입니다.

きゃく : もしもし、部屋(へや)を 予約(よやく)したいんですが。

손님 :	여보세요. 객실을 예약하고 싶은데요.
予約かかり :	はい。おさきに、お名前(なまえ)、おねがいします。 네. 먼저 성함 부탁드립니다.
きゃく :	よしむら ひろとです。 요시무라 히로토입니다.
予約かかり :	よしむらさま。いつから いつまで でしょうか。 요시무라 님, 언제부터 언제까지입니까?
きゃく :	うん~ 7月(しちがつ) 4日(よっか)から 7日(なのか)まで です。 음~ 7월 4일부터 7일까지입니다.
予約かかり :	3泊(さんぱく)でございますね。 3박이시네요.
きゃく :	はい、そうです。 네, 맞아요.
予約かかり :	そして、おひとりさまでしょうか。 그리고, 한 분이십니까?
きゃく :	はい。 네.
予約かかり :	かしこまりました。少々(しょうしょう) おまちください。 알겠습니다. 잠시만 기다려주십시오.

<잠시 후>

予約かかり :	おまたせいたしました。7月(しちがつ)4日(よっか)から 7日(なのか)まで、4日間(よっかかん)の デラックスルーム 予約してお

ります。
오래 기다리셨습니다. 7월 4일부터 7일까지, 4일간 디럭스룸 예
약되었습니다.

きゃく ：　はい、ありがとうございます。
네, 감사합니다.

 6과

乗務員 ：　みなさま。여러분,
승무원　　いまから お飲(の)み物(もの)サビースが はじまります。
지금부터 음료 서비스가 시작됩니다.

お座席(ざせき)を 元(もと)の位置(いち)に お戻(もど)しください。
좌석을 원래 위치로 돌려주십시오.

きゃく ：　スチュワーデスさん。すみませんが、成田(なりた)空港(くうこう)まで
どれくらい かかりますか。
손님　　　승무원, 죄송한데요. 나리타 공항까지 어느 정도 걸리나요?

乗務員 ：　2(に)時間(じかん) ぐらいです。
2시간 정도 걸립니다.

きゃく ：　あ、そうですか。どうも。
아~ 그래요? 감사해요.

乗務員 ：　お客様(きゃくさま)、お飲(の)み物(もの)は いかがですか。
손님, 음료는 어떠십니까?
きゃく ：　何(なに)が ありますか。
무엇이 있는데요?

乗務員 :　コーヒーと紅茶(こうちゃ)、あとは　ジュースがございますが、どちら
　　　　　に　しますか。
　　　　　커피와 홍차, 또는 주스가 있습니다만, 어느 것으로 하시겠습니까?

きゃく :　うん~ コーヒーください。
　　　　　음~ 커피 주세요.

乗務員 :　はい、かしこまりました。熱(あつ)いですので、お気(き)を　つけてく
　　　　　ださい。
　　　　　네, 알겠습니다. 뜨거우니 조심하세요.

きゃく :　あっ、それと、お砂糖(さとう)も　ください。
　　　　　앗, 그리고 설탕도 주세요.

乗務員 :　はい、どうぞ。
　　　　　네, 여기요.

7과

[お呼び出し 승객 호출 안내]

GS : BS航空より　お客様に　お呼び出しを　いたします。
　　　BS항공에서 손님을 찾습니다.

　　　BS航空 707便で、大阪へ　ご出発の　高橋いちろ様、1番 搭乗口より　ご搭乗
　　　くださいませ。
　　　BS항공 707편으로 오사카로 출발하시는 다카하시 이치로 님은 서둘러 1번
　　　탑승구로 탑승하여 주시길 바랍니다.

ありがとうございます。감사합니다.

[탑승 후 안내방송]

皆様、おはようございます。
손님 여러분, 안녕하십니까.

この飛行機は 2201便 東京行きでございます。
이 비행기는 동경까지 가는 2201편입니다.

皆様の安全のため お荷物は上の棚、または、お座席の下に お置き下さい。
여러분의 안전을 위해 짐은 선반 위나 좌석 밑에 놔주시기 바랍니다.

[TAKE-OFF]

皆様、　손님 여러분,

この飛行機は まもなく 離陸いたします。저희 비행기는 곧 이륙하겠습니다.

もう一度、シートベルトを 確認してくださいませ。
좌석벨트를 매셨는지 다시 한번 확인해주십시오.

ありがとうございます。감사합니다.

연습문제 답

2과

1. 1) A : あなたは 会社員(かいしゃいん)ですか。
      B : はい、かいしゃいん です。
          いいえ、かいしゃいん <u>ではありません</u>。

   2) A : かのじょは <u>韓国人(かんこくじん)</u>ですか。
      B : はい、<u>かんこくじん</u> です。
          いいえ、かんこくじん <u>ではありません</u>。

   3) A : かれは <u>アメリカ人(じん)</u> ですか。
      B : はい、<u>アメリカ人(じん)</u> です。
          いいえ、アメリカ人(じん) <u>ではありません</u>。

   4) A : Bさんは <u>学生(がくせい)</u> ですか。
      B : はい、<u>がくせい</u> です。
          いいえ、がくせい <u>ではありません</u>。

2. 빈칸을 채우세요.

[조사]

~은/는	~は[wa]	~에(장소)	~で
~을/를	~を	~에	~に
~의	~の	~와/과	~と
~이/가	~が	~까지	~まで

3. 일어로 써보세요.

1) 일본어는 재미있습니다.　　にほんごは おもしろいです。

2) 일본어는 어렵지 않습니다.　にほんごは むずかしくないです。

3) 하얀 개　　しろい 犬（いぬ）

4) 영화는 무서웠습니다.　　映画（えいが）は こわかったです。

5) 빌딩은 높지 않았습니다.　　ビルは たかくなかったです。

 3과

1. 일어로 써보세요.

1) 여권과 티켓 부탁합니다.
パスポートと チケット おねがいします。

2) 어디까지 가십니까?
どちらまで いらっしゃいますか。

3) 짐은 있으십니까?
おにもつは ありますか。

4) 화장실은 어디에 있습니까?
トイレは どこに ありますか。

5) 왼쪽에 있습니다.
ひだりがわに あります。

6) 3개 있습니다.

    みっつ あります。

7) 2명 있습니다.

    ふたり います。

2. 빈칸을 채우세요.

[지시사]

	こ(이)	そ(그)	あ(저)	ど(어느)
사물(~것)	これ	それ	あれ	どれ
방향(~쪽)	こちら	そちら	あちら	どちら
장소(~기)	ここ	そこ	あそこ	どこ

[숫자(1~10)]

1	2	3	4	5
いち	に	さん	し・よん・よ	ご
6	7	8	9	10
ろく	しち・なな	はち	きゅう・く	じゅう

[고유수사]

한 개	두 개	세 개	네 개	다섯 개
ひとつ	ふたつ	みっつ	よっつ	いつつ
여섯 개	일곱 개	여덟 개	아홉 개	열 개
むっつ	ななつ	やっつ	ここのつ	とお

[위치명사]

위	아래	오른쪽	왼쪽
うえ	した	みぎ	ひだり
안	밖	옆	
なか	そと	となり, よこ, そば	

3. 일어로 써보세요.

1) 이것은 소중합니다.　　これは 大切です。(大切だ)

2) 조용한 거리　　しずかな まち。(しずかだ)

3) 이것은 편리하지 않습니다.　　これは 便利ではありません。(便利だ)

4) 그녀는 예뻤습니다.　　かのじょは きれいでした。(きれいだ)

5) 초밥은 신선하지 않았습니다.　　すしは 新鮮ではなかったです。(新鮮だ)

 4과

1. 시간을 연습해보세요.

1) 1시 1분　いちじ　いっぷん
2) 2시 2분　にじ　にふん
3) 3시 10분　さんじ　じゅっぷん
4) 4시 15분　よじ　じゅうごふん
5) 5시 24분　ごじ　にじゅうよんぷん
6) 6시 6분　ろくじ　ろっぷん
7) 7시 37분　しちじ　さんじゅうななふん
8) 8시 44분　はちじ　よんじゅうよんぷん
9) 9시 50분　くじ　ごじゅっぷん
10) 11시 58분　じゅういちじ　ごじゅうはっぷん

2. 부사의 뜻을 써보세요.

1) ほぼ　　　　거의
2) また　　　　또
3) まだ　　　　아직
4) もう　　　　이미, 벌써
5) もうすぐ　　이제 곧
6) ちょうど　　꼭, 딱, 정확히

3. 「お」나 「ご」를 다음 단어 앞에 붙여보세요.

1) <u>お</u>名前

2) <u>ご</u>案内

3) <u>お</u>部屋

4) <u>ご</u>利用

5) <u>お</u>食事

6) <u>お</u>金

4. 정중체 빈칸을 채워보세요.

	보통체	정중체
입니다	です	でございます
있습니다	あります	ございます
없습니다	ありません	ございません
있습니다/ 계십니다	います	いらっしゃいます
없습니다/ 안 계십니다	いません	いらっしゃいません
어떻습니까	どうですか	いかがですか

5. 조수사 빈칸에 써보세요.

한 명	두 명	세 명	네 명	다섯 명
ひとり	ふたり	さん にん	よ にん	ご にん
여섯 명	일곱 명	여덟 명	아홉 명	열 명
ろく にん	しち にん	はち にん	きゅう にん	じゅう にん

6. 빈칸을 채워보세요.

기본형	그룹	뜻
来る	3	오다
行く	1	가다
泳ぐ	1	헤엄치다
話す	1	이야기하다
待つ	1	기다리다
見る	2	보다
呼ぶ	1	부르다
飲む	1	마시다
ある	1	있다
帰る	1	돌아가다
作る	1	만들다
乗る	1	타다
降る	1	내리다
食べる	2	먹다

기본형	그룹	뜻
入る	1	들어가다
死ぬ	1	죽다
起きる	2	일어나다
する	3	하다
寝る	2	자다
買う	1	사다
分かる	1	알다

 5과

1. 요일을 연습해보세요.

   1) 화요일　　か ようび
   2) 토요일　　ど ようび
   3) 목요일　　もく ようび
   4) 일요일　　にち ようび
   5) 수요일　　すい ようび
   6) 금요일　　きん ようび
   7) 월요일　　げつ ようび

2. 한자를 보고 후리가나와 뜻을 써보세요.

   1) 昨日　　きのう　　어제
   2) 明日　　あした　　내일
   3) 今日　　きょう　　오늘

3. 일어로 써보세요.

1) 오늘은 6월 6일입니다.　　きょうは ろくがつ むいか です。
2) 내일은 수요일입니다.　　あしたは すいようび です。
3) 어제는 월요일이었습니다.　　きのうは げつようび でした。

4. 빈칸에 써보세요.

A : なんがつ ですか

1월	2월	3월	4월	5월	6월
いち月	に月	さん月	し月	ご月	ろく月
7월	8월	9월	10월	11월	12월
しち月	はち月	く月	じゅう月	じゅういち月	じゅうに月

B : なんにち ですか

1일	2일	3일	4일	5일	6일
ついたち	ふつか	みっか	よっか	いつか	むいか
7일	8일	9일	10일	11일	12일
なのか	ようか	ここのか	とおか	じゅういち日	じゅうに日

6과

1. 가타카나로 써보세요.

1) 커피	コーヒー
2) 아이스 커피	アイスコーヒー
3) 카페라떼	カフェラテ
4) 펩시콜라	ペプシコーラ
5) 주스	ジュース
6) 밀크티	ミルクティ
7) 아이스 우롱차	アイスウーロン茶(ちゃ)
8) 맥주	ビール
9) 소프트 크림	ソフトクリーム
10) 파르페	パフェ

2. 일어로 써보세요.

1) 콜라 주세요.　　　　　　コーラ ください。

2) 공항까지 얼마나 걸립니까? 空港(くうこう)まで どれくらい かかりますか。

3) 1시간 정도 걸립니다.　　1(いち)時間(じかん) ぐらいです。

4) 아, 그래요? 감사합니다.　あ、そうですか。どうも。

5) 무엇이 있습니까?　　　　何(なに)が ありますか。

6) 음료는 어떠십니까?　　　お飲(の)み物(もの)は いかがですか。

7) 그리고, 설탕도 주세요.　それと、お砂糖(さとう)も ください。

8) 어느 것으로 하시겠습니까? どちらに しますか/どちらに なさいますか。

9) 뜨거우니 조심하세요.　熱(あつ)いですので、お気(き)を つけてください。

3. 빈칸에 써보세요.

~も	~도	~とき	~할 때
~や	~랑	~だけ	~만, ~뿐
~ごろ	~무렵, ~쯤	~ので	~이므로, ~이기 때문에
~くらい/ぐらい	~정도, ~쯤	~より	~보다

4. 빈칸에 써보세요.

すぐ	곧, 바로	ぜんぜん	전혀
そろそろ	슬슬	いつか	언젠가
なんでも	뭐든지	いつも	언제나
なにも	별로, 특별히	とくに	특히
やっと	겨우	こんな	이런
とにかく	어쨌든	どういう	어떠한

 JLPT 문제 풀이 및 단어(N5)

 ## N5 문자・어휘(한자 읽기)

1. <u>毎日</u>　ともだちと　うんどうを　して　います。　(2)

　　① めいにち　　　② まいにち　　　③ めいひ　　　④ まいひ

　　⤳ 毎日(まいにち) 매일　　　　　友(とも)だち 친구
　　　 運動(うんどう) 운동　　　　　しています 하고 있습니다
　　　 매일 친구와 운동을 하고 있습니다.

2. かぞくと　<u>外国</u>に　いきました。　(4)

　　① がいごく　　　② かいこく　　　③ かいごく　　　④ <u>がいこく</u>

　　⤳ 家族(かぞく) 가족　　　　　外国(がいこく) 외국
　　　 行(い)きました 갔습니다
　　　 가족과 외국에 갔습니다.

3. この　ホテルは　<u>高い</u>です。　(2)

　　① なかい　　　② <u>たかい</u>　　　③ こかい　　　④ ちかい

　　⤳ この 이　　　ホテル 호텔　　　高(たか)い 비싸다
　　　 이 호텔은 <u>비쌉니다</u>.

4. 車のしたに　ねこが　ねて　います。　**(4)**

　　① ちゃ　　　　② しゃ　　　　③ ぐるま　　　　④ <u>くるま</u>

　　∽ 車(くるま) 차　　　　　　　下(した) 아래
　　　　猫(ねこ) 고양이　　　　　ねています 자고 있습니다
　　　　<u>차</u> 아래에 고양이가 자고 있습니다.

5. <u>電車</u>で　だいがくに　いきます。　**(1)**

　　① <u>でんしゃ</u>　　② てんしゃ　　③ でんじゃ　　④ てんじゃ

　　∽ 電車(でんしゃ) 전차(전철)
　　　　大学(だいがく) 대학교
　　　　<u>전철</u>로 대학교를 갑니다.

🐱 N5 문자·어휘(한자표기)

1. _みみ_が いたいです。 (1)

① 耳   ② 目   ③ 頭   ④ 足

    ∞ 耳(みみ) 귀   目(め) 눈
       頭(あたま) 머리   足(あし) 다리, 발
       痛(いた)い 아프다
       귀가 아프다.

2. ちゃんと _きいて_ ください。 (2)

① 間いて   ② 聞いて   ③ 門いて   ④ 開いて

    ∞ ちゃんと 정확하게(잘)   聞(き)いてください 들어주세요
       開(あ)いて 열어
       잘 들어주세요.

3. ここに _なまえを_ かいて ください。 (4)

① 前名   ② 尊名   ③ 名字   ④ 名前

    ∞ここに 여기에   名前(なまえ) 이름   書(か)いて ください
       여기에 이름을 써주세요.

4. きょう、せんせいを　__あいます__。　(2)

① 合います　　② __会います__　　③ 今います　　④ 食います

↪今日(きょう) 오늘　　　　　　先生(せんせい) 선생님
　会(あ)います 만납니다
　오늘 선생님을 __만납니다__.

5. __みぎ__がわに　いって　ください。　(4)

① 前　　　　　② 後　　　　③ 左　　　　④ __右__

↪ 右(みぎ) がわ 오른쪽　　　行ってください
　前(まえ) 앞　　　　　　　後(うしろ) 뒤
　左(ひだり) 왼쪽
　__오른쪽__으로 가주세요.

N5 문자・어휘(문맥규정)

1. こんしゅう、（　　）かばんを　かいます。　(3)

   ① こわい　　　　② おいしい　　　③ あたらしい　　④ いそがしい

   ∞ 今週(こんしゅう) 이번 주　　　　かばん 가방
      買(か)います 삽니다　　　　　こわい 무섭다
      おいしい 맛있다　　　　　　あたらしい 새롭다
      いそがしい 서두르다
      이번 주 새로운(새) 가방을 삽니다.

2. いつも、12じに　ねて　7じに　（　　）。　(2)

   ① いきます　　　② おきます　　　③ ねます　　　④ します

   ∞ いつも 항상　　12(じゅうに)時(じ) 12시　　ねて 자고
      7(しち)時(じ) 7시　　　　　　　　　いきます 갑니다
      おきます 일어납니다　　　　　　　ねます 잡니다
      します 합니다
      항상 12시에 자고, 7시에 일어납니다.

3. えいごのほん　20 （　　）を　あいて　ください。　(1)

   ① ページ　　　② キロ　　　③ センチ　　　④ グラム

   ∞ 英語(えいご)の 本(ほん) 영어책　　20(にじゅう) 20
      あいてください 펼쳐주세요　　　ページ 페이지
      キロ 킬로그램　　　　　　　　センチ 센티미터
      グラム 그램
      영어책 20페이지를 펼쳐주세요.

4. あついから（　　）のみものが　のみたいね。　(4)

① ながい　　　② みじかい　　　③ おもしろい　　　④ つめたい

      ⌘　暑(あつ)い 덥다　　　　　　　　　　～から 이니까, 이므로
         飲(の)み物(もの) 음료　　　　　　飲(の)みたいね 마시고 싶네
         ながい 긴　　　　　　　　　　みじかい 짧은
         おもしろい 재미있는　　　　　つめたい 차가운
         더우니까 <u>차가운</u> 음료가 마시고 싶네요.

5. あそこで　バスに　（　　）。　(2)

① はいります　　② のります　　　③ あがります　　④ すわります

      ⌘　あそこで 저쪽에서　　　　　　バス 버스
         はいります 들어갑니다　　　のります 탑니다
         あがります 오릅니다　　　すわります 앉습니다
         저쪽에서 버스를 <u>탑니다</u>.

1. <u>ここは　びょういんです。</u>　⑶　　<u>여기는 병원입니다.</u>

① ここでは　ゆうびんを　だせます。　여기에서는 우편을 붙일 수 있습니다.
② ここでは　パーマが　できます。　여기에서는 펌을 할 수 있습니다.
③ <u>ここでは　びょうきを　なおせます。</u>　<u>여기에서는 병을 고칠 수 있습니다.</u>
④ ここでは　しゃしんを　とります。　여기에서는 사진을 찍습니다.

⮑ ここ 여기　　　　　　　　　病院(びょういん) 병원
　 ここでは 여기에서는　　　ゆうびん 우편
　 パーマ 펌　　　　　　　　病気(びょうき) 병
　 写真(しゃしん) 사진　　　だせます 붙일 수 있습니다
　 できます 할 수 있습니다　なおせます 고칠 수 있습니다
　 とります 찍습니다

2. <u>すずきさんは　りゅうがくせいです。</u>　⑵　<u>스즈키 씨는 유학생입니다.</u>

① すずきさんは　かんこくじんです。　스즈키 씨는 한국인입니다.
② <u>すずきさんは　がいこくから</u>　　<u>스즈키 씨는 외국에서 왔습니다.</u>
　 <u>きました。</u>
③ すずきさんは　せんせいです。　　스즈키 씨는 선생님입니다.
④ すずきさんは　りょこうを　しに　스즈키 씨는 여행을 하러 왔습니다.
　 きました。

⮑ 留学生(りゅうがくせい) 유학생　韓国人(かんこくじん) 한국인
　 外国(がいこく) 외국　　　　　　~から ~에서
　 来(き)ました　　　　　　　　　先生(せんせい)　りょこう 여행

3. ゆうべ　テレビを　みました。　⑴
어제 저녁에 텔레비전을 봤습니다.

① きのうの　よる　テレビを　みました。
어제 저녁에 텔레비전을 봤습니다.
② おとといの　よる　テレビを　みました。
그제 저녁에 텔레비전을 봤습니다.
③ きのうの　あさ　テレビを　みました。
어제 아침에 텔레비전을 봤습니다.
④ おとといの　あさ　テレビを　みました。
그제 아침에 텔레비전을 봤습니다.

∽ 夕べ(ゆうべ) 어제저녁, 어젯밤　　テレビ 텔레비전
　見(み)ました 봤습니다　　　　昨日(きのう) 어제
　おととい 그제　　　　　　　夜(よる) 저녁
　朝(あさ) 아침

 N5 문법・독해

1. ビーフと チキン (   ) あります。　(2)

　소고기와 치킨<u>이</u> 있습니다.

　　① で　　　　　　② <u>が</u>　　　　　③ は　　　　　　④ に

　　✎ ビーフ 소고기　　　　　　　と 와/과
　　　 チキン 치킨　　　　　　　　~で 에서, 으로
　　　 ~が 이/가　　　　　　　　　~は 은/는
　　　 ~に 에서

2. A :「キムさん、ちこく じゃないですか。」　(4)

　김 씨, 지각 아닌가요?

　B :「ええ、おそくなって、タクシー (   ) いきます。」

　예, 늦어서 택시<u>로</u> 갑니다.

　　① が　　　　　　② は　　　　　　③ を　　　　　　④ <u>で</u>

　　✎ ちこく 지각　　　　　　じゃないですか 아닌가요?
　　　 ええ 예　　　　　　　　おそくなって 늦어서
　　　 タクシー 택시　　　　　　~を 을/를
　　　 ~で <u>으로</u>

3. じゅぎょうは 何時^{なんじ}(   ) おわりますか。　(3)

　수업은 몇 시쯤 끝나나요?

　　① か　　　　　　② から　　　　　③ <u>ごろ</u>　　　　④ は

　　✎ 授業(じゅぎょう) 수업　　　何時(なんじ) 몇 시
　　　 ごろ 쯤, 경　　　　　　　おわりますか 끝나나요

4. A : 「どの　Tシャツが　ほしいですか。」　**(1)**
   A : 어느 티셔츠가 갖고 싶은가요?
   B : 「あの　白(しろ)い　（　　）　です。」
   B : 저 흰 것입니다.

   ① の　　　　　　② よ　　　　　　③ で　　　　　　④ に

   ∽ どの 어느, 어떤　　　　　　Tシャツ 티셔츠
   　ほしいです 갖고 싶다　　　　あの 저　白(しろ)い 흰
   　の ~의 것

5. この　レストランは　とても　おいしく　（　　）　人気(にんき)が　あります。　**(4)**

   ① と　　　　　　② が　　　　　　③ で　　　　　　④ て

   ∽ レストラン 레스토랑　　　　　とても 매우
   　おいしくて 맛있어서　　　　　人気(にんき) 인기
   　あります 있습니다
   　이 레스토랑은 매우 맛있어서 인기가 있습니다.

6. A : 「食事(しょくじ)は　会議(かいぎ)してから、しますか。」　**(3)**
   A : 식사는 회의하고 나서 하시겠습니까?

   B : 「いいえ、　会議(かいぎ)の（　　）食(た)べましょう。」
   B : 아니요, 회의 전에 먹읍시다.

   ① ほど　　　　　② あとで　　　　③ まえに　　　　④ ごろ

   ∽ 食事(しょくじ) 식사　　　　　　会議(かいぎ) 회의 ~してから 한 후에
   　ほど 정도, 쯤　　　　　　　　あとで 나중에, ~한 후에
   　まえに ~전에　　　　　　　　ごろ 쯤

 JLPT 문제 풀이 및 단어(N4)

 N4 문자·어휘(한자 읽기)

1. それでは わたしたちは 空港で 会いましょう。　(4)

　　① こうく　　　② こうくう　　　③ くこう　　　④ <u>くうこう</u>

　　∞ それでは 그러면, 그럼　　　　わたしたち 우리
　　　空港(くうこう) 공항　　　　　航空(こうくう) 항공
　　　会(あ)う 만나다
　　　그러면 우리는 <u>공항</u>에서 만납시다.

2. あの 古い えいがは 音楽が すばらしいです。　(2)

　　① くるい　　　② <u>ふるい</u>　　　③ やすい　　　④ ひろい

　　∞ ふるい 오래된　　　　　やすい 싼
　　　ひろい 넓은　　　　　　映画(えいが) 영화
　　　音楽(おんがく) 음악　　　すばらしい 훌륭하다
　　　그 <u>오래된</u> 영화는 음악이 훌륭합니다.

3. 山田さんは 8時にホテルに 着きました。　(2)

　　① ききました　　② <u>つきました</u>　　③ すきました　　④ いきました

　　∞着(つ)く 도착하다
　　　야마다 씨는 8시에 호텔에 <u>도착했습니다</u>.

4. 先生から 有名な れきしの本を 借りました。　(3)

　　① ゆうめ　　　　② ゆめ　　　　　③ ゆうめい　　　　④ ゆめい

　　☞ 有名(ゆうめい)な 유명한　　　　歴史(れきし) 역사
　　　本(ほん) 책　　　　　　　　　　借(か)りる 빌리다
　　　선생님에게서 유명한 역사책을 빌렸습니다.

5. 大学を そつぎょうして 社会に 出た。　(3)

　　① しゃがい　　　② かいしゃ　　　③ しゃかい　　　④ がいしゃ

　　☞ 大学(だいがく) 대학교　　　　卒業(そつぎょう) 졸업
　　　社会(しゃかい) 사회　　　　　　会社(かいしゃ) 회사
　　　出(で)る 나가다
　　　대학을 졸업하고 사회로 나왔다.

🐱 N4 문자 어휘(한자표기)

1. だんだん <u>さむく</u>なって きました。　(4)

　　① 暑く　　　　② 軽く　　　　③ 重く　　　　④ <u>寒く</u>

　　☞ 暑(あつ)く 더워　　　　軽(かる)く 가벼워
　　　 重(おも)く 무거워　　　　寒(さむ)く 추워
　　　 점점 <u>추워</u>졌습니다.

2. <u>あき</u>は すずしくて 食べ物も おいしいです。　(2)

　　① 冬　　　　② <u>秋</u>　　　　③ 夏　　　　④ 春

　　☞ 春(はる) 봄　　　　夏(なつ) 여름
　　　 秋(あき) 가을　　　 冬(ふゆ) 겨울
　　　 すずしくて 시원하고　　食(た)べ物(もの) 음식
　　　 <u>가을</u>은 시원하고 음식도 맛있습니다.

3. <u>ちから</u>の ある人は <u>おもい</u> にもつを 運んでください。　(3)

　　① 刀　　　　② 万　　　　③ <u>力</u>　　　　④ 方

　　☞ 刀(かたな) 칼 도　　　万(まん) 일만 만
　　　 力(ちから) 힘 력　　　方(ほう) 모 방
　　　 運(はこ)んで 옮겨
　　　 <u>힘 있는(힘센)</u> 사람은 무거운 짐을 옮겨주세요.

4. あしたの　ゆうがた　なら　時間が　作れます。　　(3)

①　夕万　　　　　②　多万　　　　　③　夕方　　　　　④　多方

∞　万(まん)　만
　　夕方(ゆうがた)　저녁때(해질녘)
　　時間(じかん)　시간
　　내일 저녁 때라면 시간을 만들 수 있습니다.

方(かた・がた)　모 방
なら　~이라면
作(つく)れます　만들 수 있다

5. かいぎしつは　とても　くらいです。　　(4)

①　悪い　　　　　②　黒い　　　　　③　強い　　　　　④　暗い

∞　会議室(かいぎしつ)　회의실
　　黒(くろ)い　검다
　　暗(くら)い　어둡다
　　회의실은 매우 어둡습니다.

悪(わる)い　나쁘다
強(つよ)い　강하다

N4 문맥 규정

1. (   ) しゅっぱつする 時間ですね。　(2)

① なかなか　　② そろそろ　　③ とうとう　　④ だんだん

∞ 부사 : なかなか 상당히, 꽤　　　そろそろ 슬슬
　　とうとう 드디어, 결국　　　だんだん 차차, 점점
　　しゅっぱつ 출발
　　슬슬 출발할 시간이군요.

2. としょかんの(   ) の しかたを おしえてください。　(4)

① ちゅうい　　② うけつけ　　③ はいけん　　④ りよう

∞ 注意(ちゅうい) 주의　　　うけつけ 접수
　　はいけん 발견　　　利用(りよう) 이용
　　仕方(しかた) 방법　　　おしえる 가르치다
　　도서관의 이용 방법을 가르쳐주세요.

3. 毎日の 新聞には、テレビの(   )が のっています。　(2)

① よやく　　② ばんぐみ　　③ タイプ　　④ スクリーン

∞ 毎日(まいにち) 매일/일간　　　新聞(しんぶん) 신문
　　予約(よやく) 예약　　　番組(ばんぐみ) 프로그램
　　タイプ 타입　　　スクリーン 스크린
　　일간 신문에는 TV 프로그램이 실려 있습니다.

4. ともだちが にゅういんしているので、花を もって(　　　　　　　)に 行きました。　(3)

   ① おいわい　　　② あいさつ　　　③ <u>おみまい</u>　　　④ おまつり

   ✎ 入院(にゅういん) 입원　　　　　花(はな) 꽃
    おいわい 축하　　　　　　　あいさつ 인사
    おみまい 병문안　　　　　　おまつり 축제
    친구가 입원해 있어서 꽃을 가지고 <u>병문안</u>을 갔습니다.

5. いえに かえった ときは「(　　　　　　　)。」 といって、あいさつを します。　(2)

   ① おかえりなさい　　　　　　　② <u>ただいま</u>
   ③ いってまいります　　　　　　④ おはようございます

   ✎ おかえりなさい 어서와요　　　　　ただいま 다녀왔습니다
    いってまいります 다녀오겠습니다　　おはようございます 안녕하세요(오전)
    집에 돌아왔을 때는 '<u>다녀왔습니다</u>'라고 인사를 합니다.

 N4 문자·어휘(유의표현)

1. としょかんの中で　さわがないで　ください。　　(3)

① としょかんの中で　たべないで　ください。
② としょかんの中で　はしらないで　ください。
③ としょかんの中で　しずかにして　ください。
④ としょかんの中で　おおきく　おんがくを　きかないで　ください。

∞ 図書館(としょかん) 도서관　　　さわがない 떠들지 않다(さわぐ)
　　たべない 먹지 않다　　　　　はしらない 뛰지 않다
　　しずかに 조용히　　　　　　おんがく 음악
　　きかない 듣지 않다
　　도서관 안에서 떠들지 <u>말아주세요</u>.

2. きょうしつに　まだ　だれも　いません。　　(1)

① きょうしつに　ひとりも　いません。
② きょうしつに　ひとり　います。
③ きょうしつに　ひとが　たくさん　います。
④ きょうしつに　ひとが　いっぱい　います。

∞ 教室(きょうしつ) 교실　　　まだ 아직
　　だれも 아무도　　　　　　いません 없습니다
　　ひとり 한 명　　　　　　　ひとりも 한 명도
　　たくさん 많이　　　　　　いっぱい 많이
　　교실에 아직 아무도 없습니다.

3. にほんごの　べんきょうを　いっしょうけんめいに　しました。　(4)

① にほんごの　べんきょうを　ぜんぜん　しなかったです。
② にほんごの　べんきょうを　すこし　しました。
③ にほんごの　べんきょうを　ほとんど　しませんでした。
④ にほんごの　べんきょうを　ねっしんに　しました。

∞ 日本語(にほんご) 일본어　　　　　　勉強(べんきょう) 공부
　一生懸命(いっしょうけんめい)に 열심히　ぜんぜん 전혀
　しなかったです 하지 않았습니다　　すこし 조금
　ほとんど 거의　ねっしんに 열심히
　일본어 공부를 <u>열심히</u> 했습니다.

저자 소개

송민수(宋珉受)

현) 백석예술대학교 항공서비스학부 부교수

전) 스위스그랜드호텔 객실부(귀빈층), 판촉부(외국기업)

학력) 일본 도쿄 SEISEN 国際学校
　　　미국 뉴욕 CUNY대학교
　　　중앙대학교 일반대학원 일어일문학과(일본어학 전공)

저서) 「요우코소 관광일본어 1, 2」
　　　「항공서비스 일본어」

항공 승무원을 위한
항공서비스 일본어 회화

초판 1쇄 발행 2022년 8월 25일

저　　자 송 민 수
펴 낸 이 임 순 재
펴 낸 곳 (주)한올출판사
등　　록 제11-403호
주　　소 서울시 마포구 모래내로 83(성산동 한올빌딩 3층)
전　　화 (02) 376-4298(대표)
팩　　스 (02) 302-8073
홈페이지 www.hanol.co.kr
e - 메 일 hanol@hanol.co.kr
I S B N 979-11-6647-273-2

• 이 책의 내용은 저작권법의 보호를 받고 있습니다.
• 잘못 만들어진 책은 본사나 구입하신 서점에서 바꾸어 드립니다.
• 저자와의 협의하에 인지가 생략되었습니다.
• 책값은 뒤표지에 있습니다.

항공 승무원을 위한
항공 서비스 일본어 회화